世界一を獲った保険営業マンが教える

「誘われる」転職術

清水 省三

カナリアコミュニケーションズ

はじめに
「うちへおいで」と言われ、世界一を受賞した私

日本ではかつて「一つの会社で、定年まで勤め上げる」ことが美徳だとされた時代がありました。しかし今日では、多くの会社が数十年先を保証できるような安定感を失い、実際に「絶対に倒れない」と言われた大企業が次々に倒産しています。そんな社会を少しばかり見てきた20代、30代の私たちは、安定感を会社ではなく、技能や資格、スキルといったものに求めるようになりました。結果、私たちは仕事を選ぶ選択肢が広がり、「自分自身の理想を叶えたい」「生きがいを感じる仕事を」と、ためらうことなく転職するようになりました。今、本書を手にしてくださっている皆様にも、転職を考えている方、すでに転職の経験がある方も多いと思います。

ただ、私たち日本人は、良い意味でも悪い意味でも勤勉です。転職する

にも、ダンドリや書類の書き方、相手の会社での振る舞い方など、細かい部分まで完璧さを求めます。これがまかり通り、成功メソッドというようなビジネスが流行しはじめると、今度は「細かい部分をキッチリやらないと、転職なんて成功しない」という考えが広がり、転職する側も、採用する側も「それが常識」となってしまいます。本来は、「仕事で何ができるか」と「人としてどうか」が大事だと思うのですが…

さて、私は今年で36歳になります。これまではというと、いわゆる成功メソッドどころか、履歴書さえじっくり考えて書くということもなく、5度にわたる転職を勝ち取ってきました。〝勝ち取る〟というだけあって、すべては自分が満足のいく、思い描いた通りの仕事に就いています。そんな転職のときには、こんな風に声をかけられました。

「転職してうちの会社に来ない？」

「君にピッタリな仕事だと思うから、うちに来ないか？」

「今までの経験をもっと生かせる仕事を、うちの会社でやったらいいよ！」

「君の能力を最大限に発揮できるのは、うちの会社だけだよ！」

「未経験とか資格がないとかは関係ない。強い思いさえあれば大丈夫だからうちへおいで！」

「英語ができない？まったくＯＫだよ、大事なのはやる気だから。バリ島へ仕事をしにおいでよ！」


はっきり言って、私には学歴も、語学力も、特定分野の専門知識も、何も持ち合わせていません。ただ、一生懸命に仕事をするうちに、自分でも想像していなかった人との出会いがありました。そして、自分が「転職しよう」と考えはじめる前後に、不思議と相手から誘われるのです。

当然ですが、お誘いをいただく度に、周囲にも相談して、心底悩みます。少なくとも、誰かが言ったからという言い訳が出ないくらい考え抜いての判断です。そうして現実を受け止め、まっすぐに歩いてきた結果、辿り着いたのが「世界一を受賞すること」だったのです。

私は高校を卒業後、大工の道に進みました。ここは自ら希望してのもので、誘われていません。そして、水道工事の親方に誘われて配管工に。しかしここで、教育者を目指すことを決め、仕事と両立させながら夜間大学へ通うことにしました。その後、工業高校の実習助手として働きますが、ここで新たな出会いとお誘いがあり、バリ島にある会社へ。現場監督、フラワーアーティスト、マネージャーを経験しました。さらにこの後、以前からお誘いいただいていた先輩を信じて現職となります。世界ナンバー1というのは、〝ビジネス界のアカデミー賞〟と称される「スティービー賞」のことで、これも誘われて応募しての受賞だったのです。

これらを「偶然の幸運が重なっただけでは？」「そう言っても、陰で努力をしたんでしょ」という方がいるかも知れません。確かに運、また努力というものはゼロではありませんが、皆様に伝えたいのは「誘われての結果」

だということなのです。大抵の方は誘われても、その言葉を鵜呑みにしません。本当にリスクがないか、相手を信用していいのか、考えに考えて、そしてお誘いを断ってしまうでしょう。これに対して私は、「お誘いいただく方＝心底信頼できる方」であり、自分が大きく損をするようなリスクはないと確信し、お誘いを受けるのです。それは、お誘いいただくお一人お一人とは、目先だけの利害関係ではなく、私という全人格を知ってもらった上でのお付き合いをしていただいているからといえます。

今回の出版も、やはり誘われてのものです。36歳の若輩者である私が、「人生論」を語るような立場にないことは承知していますが、「人を信じ、誘われての転職」を繰り返し、毎日が最高の人生を歩んでいるということを、一人でも多くの方に知ってもらえればと思っています。

また、人生の折々で悩んだこと、学び感じたことも綴りました。これらをヒントにしていただくことで、少しでも現在の仕事や働き方にプラスとなること、また今所属する会社や業界の価値を再発見する機会になればとも願っています。さらに本書のテーマである転職について、読者の皆様が「こんな転職もアリなのか！」と常識を一変していただければ、より自分の実像、また理想に近い転職が成し遂げられるのではないかと考えています。

末筆ながら、本書は悩みながら、メモを取りながらではなく、どうかリラックスしてページを開いていただき、時には笑いながら、時には行間から読み取れた感情と自分の姿を重ね合わせながら、じっくりと読み進めていただければ幸いです。

さあ、清水省三がこれまで歩んできた、唯一無二の人生ストーリーの幕開けです！

清水省三

世界一を獲った保険営業マンが教える「誘われる」転職術　目次

注:本書では世界一、またはそれに類する言葉を用いていますが、これらは保健営業、またメットライフ生命保険株式会社における売り上げや成績を指すものではありません。

【高校→大工→配管工】

第1章

人生にムダはない！
失敗、挫折がきっかけで歩みはじめた
職人の道

■周囲ではなく、自分の気持ちを尊重し大工の道へ

テレビで流れる街角インタビューで、道行く中・高生に「将来の夢は?」と聞くシーンをよく目にします。大抵は視聴者ウケを狙っているので、「公務員など安定した仕事に就きたい」とか「起業してお金持ちになりたい」といった大人寄りのコメントを選んで放送しているのは想像に難くありません。ただ、最近ではこうした考えを持つ中・高生の方が数も多く、それが生き方の正解のような感覚さえ持っているようです。

そんな世間ではありますが、私は「近所に住んでいたアニキ的な存在の先輩」に憧れて、その先輩がやっていた大工の道へと進みました。理由は実に子どももじみていますが、ただ単純にカッコいいと思えたからです。同世代、周囲の考えではなく、自分が思うままに選んだ仕事。この頃の私はまだまだ人生経験もなく、浅はかなものであり、後に挫折を味わいます。

しかしながら、社会について何も知らない子どもが、いくら思い悩んでい

ても仕方がない。そうやって決断しないで逃げるよりも、どうせなら「決断して失敗」した方が価値的だと思いました。そして、このときの信条は今も変わらないものとなっています。

さて、ここで私の生立ちから中学生までの軌跡を辿って、今後の生き方や考え方を造形した出来事について、いくつかご紹介したいと思います。少々お付き合いください。

■兄弟で唯一〝お受験〟に失敗

世間では、私立幼稚園や小学校の受験を、あえて〝お受験〟といいますよね。私は男ばかりの４人兄弟に育ちましたが、全員がお受験に挑みました。多くの方がイメージするのは、「お受験＝お金持ち」であり、兄弟４人が全員お受験ともなれば「どれだけお金持ちなの？」と思われるというものでしょうが、まったくそうではありません。破れたところをワッペンで覆い隠したズボンを履き、たまに外食のときはあらかじめ家でお腹を膨らませてから行くというルールがありました。三つ揃いの服に袖を通したのは、お受験の面接くらいでした。お受験の理由というのは教育を重視した両親の意思ですが、偶然にも地元の公立小学校の校区内に私立小学校があったこと、長男が合格したことで「兄弟がみな平等にチャンスを与えられるべき」と両親が考えたことが背景にあるようです。

お受験には長男、次男が合格。これに続けと私も同じ私立小学校を受験しました。でも、残念ながら結果は不合格。当時のことはあまり覚えていませんが、封書の中に書かれていた「フゴウカク」の文面だけは鮮明に覚えています。この2年後には四男が受験しましたが、こちらは無事に合格。4人兄弟で、私だけが違う学校へ通うことになりました。

4人兄弟で、1人だけ学校が違うということ。これって、日常がどうなるかイメージできるでしょうか。小学生くらいのお子様がいれば、わかる

「晴れ姿」でのお正月の家族写真（著者のみ私服で）

かも知れませんね。答えは、「兄弟間の会話が少ない」日常が訪れるということ。小学生の会話内容で最も重要な「学校生活」「先生」「友達」のすべてが違いますから、どうしようもありません。だから「けんかが多かったのでは？」と思うかも知れませんが、ちょうど楽観的な母の性格が兄弟全員に継承されていたので、上手に仲良くしていました。ただ、私としては〝他の3人との違い〟というものを感じていたのが正直なところです。この気持ちが分岐点となって、私は他の3人から少し違う道を歩んでいくことになります。

■大工との出会いと高校進学

私立ゆえ〝電車に乗らなければ友だちの家へ遊びに行けない〟という兄や弟を尻目に、私は地元の友達と学校へ通い、放課後もずっと一緒に遊びました。家にいる兄よりも近所に住む先輩の方が話も合い、心が通じました。血のつながりはなくとも、アニキ的な存在となっていきました。

その頃、私が住んでいた町内では、新しい家が建ったり、建て替えたりということが多くありました。学校の登下校や遊んでいるときには、しょっちゅう大工さんが働いている

大工さんの姿を見ていた少年時代

姿を見ていて、顔見知りになると会話をすることもありました。子どもながら、「大工って仕事はいいいな」と思うようになり、その思いは膨らんでいきました。もちろん、小学校の卒業文集にも、「大工さんになる」と書きました。

やがて私は中学に進みますが、やっぱり大工になりたいという夢は消えず、逆に強くなっていきました。運命を決定づけたのは、中学３年の夏。私の家の３軒隣にある工務店での解体作業のアルバイトでした。この作業で私は、工務店の息子で３つ年上の先輩に憧れて、「先輩と同じ道を歩もう！」と思うようになりました。話を聞けば、先輩は定時制高校へ通いながら大工の勉強をしているとのこと。

ならば自分も、と定時制高校へ通うことをこのときに決めました。

■説得のための受験。結果は合格！

「オレ、定時制高校行くわ」。両親を前に、私は意を決して今の気持ちを打ち明けました。私としては「息子の決断だから、最後は承諾するだろう」とも考えていましたが、どうも甘い考えだったようで、両親は猛反発。見事に首を縦に振ることはありませんでした。ここで中学校の担任が機転を利かせ、「大工仕事はいつでもできるから、とりあえず昼間（全日制高校）を受けてみよう」と説得があり、これを聞いた憧れの先輩からも「昼間行けるなら、行った方がいい」との助言がありました。そこで私は、工業高校の建築科に受験することを承諾。成績は良くなく、塾へも通っていない私なら「合格なんてあり得ない」と思い、全日制高校の不合格通知を両親の説得材料にする算段でした。

ところが、小学校のときとは違って、結果は見事に合格。受験番号が明示された掲示板を前に、私は「受かってしもた」とガックリ肩を落としました。

こうしてスタートした高校生活。なぜか「舐められたらアカン」という空気を漂わせる建築大好き男子に囲まれ、ある意味で刺激的な日々を送りました。ただ、当初から通う気がなかった高校で過ごす時間は憂鬱で、なんとか1年が過ぎた頃には中退することばかり考えていました。「こんな無意味な授業を受ける時間がもったいない」「少しでも

親方に修行を受けていたい」と真剣に毎日思っていたのです。

そのうち思いが通じたのか、いつもお世話になっている工務店の現場が、私が通う工業高校の近くになりました。期間としては数カ月間でしたが、授業後には作業服に着替えて現場に駆けつけることは、まるで部活動のような感覚で楽しい毎日となりました。イキイキと働いていることを知った母親は、知人である水道工事店の社長を紹介してくれ、夏にはアルバイトができるように。水道工事は未経験でしたが、休日の度に大工と水道工事の仕事を掛け持ちし、双方とも腕を上げることができました。今考えてみれば、こうした期間があったからこそ、私は中退せずに高校を卒業することができたのだと思います。

■交渉の末、念願だった大工に

卒業が目前となり、同級生の多くは学校からの紹介で就職することになっていました。しかし、私といえば、「自分で決めた親方のもとで、大工になる」と、中学生の頃からずっとお世話になってきた近所の工務店のみを念頭に置き、在学中から現場作業に明け暮れ、卒業式もただの通過点に過ぎませんでした。

さあ、卒業もしたし、そろそろ正式にお願いに行こう。即決を疑わなかった私は、足取りも軽く近所の工務店を訪ねました。「親方、僕も一緒に働かせてください」との私の言葉に、親方は少し考えてから、言葉を選びつつ返答してくれました。「働くといっても、近所づきあいがある間柄では難しい部分もある。まずは両親としっかり話をしてきて欲しい」「その間に、私も雇うかどうか考えてみる」とのこと。拒まれることなど毛頭ないと思っていた私は、戸惑いながら工務店をあとにしました。

大人になれば、多くの人がリスクを事前に回避しようと考えます。当時18歳だった私がこれに該当するのかどうかはわかりませんが、私は一旦拒まれたことがショックで「将来の扉が閉ざされた」と思ってしまいました。現実にどう対処するかというよりも、現実を受け入れたくないという気持ちで一杯になったのです。やがてそんな気持ちも落ち着きを取り戻し、これまでとは一転して「迷ってても仕方ない」「やってみよう！」と決めて、両親を説得。そして、親方にもう一度頭を下げました。「親方、お願いします！」との言葉に対し、親方は「そうか、覚悟が決まったか。決まったなら4月からおいで」と笑顔で返してくれ、ここでようやく私の大工としての人生がはじまりました。

さて、本章の冒頭で少し触れましたが、「決断に対する姿勢」について確認しておきましょう。ここまでお読みいただければご理解いただけると思いますが、私は人生を決定づける「仕事」の選択がいかに重要であるかを認識できていませんでした。自分の本音が、

・大工になること
・地元の工務店で働くこと
・先輩のようになること

のいずれなのかさえ答えを導き出せなかったのです。ただ、人生経験もない子どもがいくら思い悩んでいても、それが正しい答えを出すことにはつながらないということを何となく感じていました。

それよりも、まず「決断し確実にチャンスを掴むこと」を優先し、万一失敗してしまったら、また違う決断をしてやり直す方が価値的です。人生なんて、何度でもやり直せるし、自分が思い描いたようになる。そのために考え、努力することに楽しさが見いだせるようになれば、何があっても幸せだと私は思いました。

■夢の挫折、仕事への逃避…

「夢が叶うということは、夢が夢でなくなってしまうことになる」――これは、私がこの頃に実感したことです。あれほど憧れだった大工の仕事。作業服を身にまとい、首にタオルを巻いて初めて現場へ出かけた朝の感動は何よりも大きなものでしたが、翌日、翌々日と日を追うごとに薄れゆくものがありました。「考えもなく大学へ進学するよりも、現場で働く方が刺激的で、人生も有利になる」との確信があった私でしたが、大工になってからは家と現場を往復するだけの毎日を送るようになり、だんだんとつまらなさを感じるようになりました。

不運にも当時は景気が悪く、仕事がない日には飛び込み営業をすることもありました。見ず知らずの家のチャイムを鳴らしてチラシを渡すというもので、まさか大工の自分がやることになるとは思っていませんでした。

そんなある日、事件は起こりました。あれほど憧れを抱き、尊敬していた先輩と現場で仕事をしていたとき、とても些細なことで私は先輩に口答えをし、盾突きました。アルバイトで働いていたときでも絶対取らなかった態度ですが、このときの私は慣れや甘え、仕事への意識の低さから気が緩んでいたのでしょう。先輩からの指摘に従うことができず、その場で言い争いになってしまいました。「お前、もう帰れ！」の一言にカチンときた私は、そのまま現場の仕事を放り投げて帰宅してしまいました。先輩への態度に対するショック、仕事を放り投げた罪悪感、素直に頭を下げることができない不甲斐なさ…いろいろな感情が押し寄せ、自分でもどうして良いかわからなくなってしまい、家から一歩も外へ出られなくなりました。

それから10日後に、私は親方に辞表を手渡しました。先述の通り、親方がいる工務店は自宅の3軒隣。ゆえにこのままでは外出さえできない状況だということが冷静になってからわかり、頭を下げるしかなかったのです。さすがに謝罪して大工を続ける気にもなれず、私は近所の青果店でアルバイトをすることにしました。

それから数カ月が経ったある日、私を訪ねて来客がありました。それは、辰巳直樹君という高校時代の同級生で、小さい頃から大工を夢見てきた私を一番理解してくれる友人でもありました。実は、彼もまた同じ大工の道を歩んでおり、私の現状を耳にして声をかけにきてくれました。

「うちにおいでよ」――この言葉に心を動かされた私は、言われるままに彼の親方と会い、いろいろな話を聞きました。私の姿勢を厳しく指摘いただいた後で、親方からは「直樹と一緒に働いていけば、二人とも大きく成長しそうだな」と、私に再び大工として働くよう話してくださいました。近所の目もあることから、私は辰巳君の家に住まわせてもらう形で、大工として再出発を遂げたのでした。

自分の周囲には、親身になって助けてくれる人がこんなに多くいるのか。まもなく19歳を終える私は、このときに改めて周囲の方々と自身の境遇に感謝することができました。そして、今度はこの恩を周囲に返していこうと決意し、新生活をスタートさせたのでした。

■ようやく理解した「仕事をする意味」

私は辰巳君の家に住まわせてもらいながら、再び大工として働きはじめました。しかし1カ月が過ぎた頃には、さすがに辰巳君とご家族に申し訳なく感じ、私は近所のアパートへ移り、ひとり暮らしをはじめました。

新しい工務店での仕事は、住宅だけではなく、庭園で石を使った空間づくりをしたり、茶室をこしらえたり、のみとカンナを使った刻み仕事をしたり、欄干や床の間などをあつらえたり。これらの仕事は刺激的でしたが、頭を使って考える仕事ばかりで、私はかなり苦しみました。というのも、私は事前に計算してノコギリの刃を入れる部分を導き出す、さしがね（L型形の定規）だけで弧を描くといった大工としての基礎知識すらなかったからです。挙げ句の果てには、わからないという仕事が出てくるようになり、「自分は大工が向いていないのではないか」と思うようになりました。また以前と同様に、家と現場を往復するだけの生活につまらなさを感じるようにもなっていったのです。

加えて、ひとり暮らし生活も家計を圧迫するものでした。大工の経験があったとはいえ、立場としては「見習い」だった私はそれほど収入も得られず、給料は家賃と光熱費、食費などの生活費を差し引けば、ほとんど残らない状態に。たまに友達と遊びに出かけても、食事代を支払うお金がなく、レストランに着くと「お腹が痛いから車で待ってる」と断ることが何度もありました。この状態は1年続いても解消されず、やがて気持ちがついていかないようになりました。そんなときに、先の通り水道

工事店の社長から「うちに来るか？」とお誘いの電話が入りました。

この電話を機に、私は自分が仕事をする意味について、じっくりと考えるようになりました。自分はそもそも大工の仕事がしたいと思ったのはなぜか。仕事自体に魅力を感じていたのか。自分は何をしようとしているのか…そう考えていたところ、私の脳裏に一つの思い出が蘇りました。それは、高校時代に水道工事店でアルバイトをしていた頃のことでした。

当初は「現場が好きなんだ」と単純に考えていた私は、大工とともに水道工事店でもアルバイトをしていました。このときの仕事内容は、実際にやってみると想像とはかなり違っていて、店を訪ねてくるお客様や水漏れなどのトラブルが発生したお客様の応対をすることが多々ありました。とくに後者では修理を終えるとお客様も本当に喜んでいて、仕事によって「他の人の役に立てた」ということを実感できました。

この経験と今の仕事を比べると、同じようにお客様のために働いているものの、喜ぶ姿を直接自分の目で見ることができなかったことから、役に立てている実感は少し乏しかったのだろうと思います。私にとって仕事をする意味とは、「お客様が喜び、笑顔になってもらうこと」だったんだと、このときに理解したのです。

職を転々とすることは、あまり好ましいことではないと思う方もいると思います。でも、大工から転職することを決めたときには「それよりも重視するべきものがある」と思っていました。それは、「人生の時間」です。寿命には違いがあるとはいえ、人生の時間には限りがあります。例えば月〜金曜までを振り返って、「この一週間は震えるほど刺激的な仕事と出会いがあった」という方もいれば、「この一週間もいつも通りで、我慢ばっかりして楽しくなかった」という方もいるでしょう。この両者を比べて、どちらが価値的かは一目瞭然。だから私は、例えどんなに長く同じ仕事をしている人でも、今この瞬間に満足できないなら転職するべきだと考えています。

■大工の経験を生かし、お客様と接する仕事に

私は「うちにおいで」との言葉を信じて、大工から水道配管工へ転職をしました。誘っていただいた社長の言葉をそのまま使えば、

・大工の経験を生かした仕事ができる。
・高齢化が加速する社会において、トイレ（和式↓洋式）やお風呂（バリアフリー化）などの需要がまだまだある。行政からの後押しも期待できる。

など、水道配管工は仕事の安定性が強く感じられました。何より、私が仕事をする意味として感じているお客様の笑顔も、これまでとは比較にならないほど多く目にすることができ、これまでとは一変して充実した日々を送るようになりました。

働きはじめた頃の思い出として、印象深く覚えていることがあります。

それは水漏れの現場です。これは私がこれまで見たこともない状態であり、鮮明に覚えています。

この日、私は店で雑務に取り組んでいました。すると、社長から「近くのビルで水漏れがあった」「水道の蛇口が原因かも知れないから、最低限の道具だけ持ってきて」との電話が入りました。現場のビルに駆けつけると、1～6階のうちほとんどのフロアが水びたしの状態。部屋へ入ると、天井からは雨が降っているかのように水が流れ落ちてきていました。ビルに入居しているスナックではカラオケ用の機械やスピーカー、モニタ、ソファーなどあらゆるものが水に濡れていたのです。そのうち、「(水を)とにかく止めてくれー」とビルのオーナーの悲鳴が耳に入り、そこから私は無我夢中で水道メーターを探しては止水。それでも水の勢いは弱まることなく、いつまで経っても流れたままでした。結局その日は断水し、翌日になってから原因を突き止め対処し、修理は完了。時間はかかってしまいましたが、ビルのオーナーからは「ほんまにありがとう」と私の手を取ってお礼の言葉をいただきました。この瞬間は、今になっても忘れられない思い出です。その後も同様に、私は仕事をする度にお客様の笑顔と出会うことができました。困っている方を助ける仕事ができることを誇りに思い、仕事自体もだんだんと面白味を感じるようになりました。年齢での遅い早いは一概に言えませんが、「お客様の笑顔のために仕事をする」という大切さ、それが自身の仕事の意味だということを20歳のときに知ることができたのも、本当に幸運だったと私は感じています。

コラム

歩くことの大切さ

私は小さい頃から、大阪の枚方市に住んでいました。大阪市内の中心部にも、私鉄、ＪＲを使えば30～40分でアクセスできることから、いわゆるベッドタウンとして栄えている地域。でも、元は丘陵地帯だったようで、急なアップダウンがある坂が多くありました。

私は公立の小学校、中学校へ入学したので、家から学校までの距離が比較的近くなるように校区が設定されているはず。しかし、私はちょうど校区と校区の境目に住んでいたようで、小・中とも山の上にある学校まで、片道30分の道のりを毎日通学しました。「子どもは元気で体力がある」といっても、決して楽とはいえず、いつも「遠いなあ」とボヤいていたことを思い出します。おかげさまで基礎体力には一切問題がなく、人並み以上に丈夫な身体になりました。

通学していた小・中の9年間は、私の家が一番遠く離れていた場所にあることから、登校時には学校へ近づく度に、一緒に行く友だちが増えていくことを嬉しく感じました。道中ではいろいろな話をし、途中で休憩をしたり、トイレが我慢できずに友だちの家へ駆け込んだりと、思い出はいっぱいです。コンビニエンスストアもない時代でしたが、地域に住む人は皆私のことを知っていて、ごく自然に人同士が関わり、見守る社会になっていたんだと思います。

少し大きなスケールになりますが、私たちは便利さを求めて進化を遂げてきました。しかし、それを裏返せば、不便を感じたからこそ知恵が湧き、工夫が生まれたのだと思います。不便さを体感し、同じ不便さを感じる人の苦労がわかり、何とかしようという思考が生じたのでしょう。かつて先人たちは「苦労は買ってでもしろ」と言いましたが、まさにその通りで、現代においてはお金をかけなければ苦労できないのかも知れません。

また、不便さゆえに人は自分が持てる力を量ることができます。もし自分ひとりで成し得ないことがあれば、周囲の人に協力を呼びかけ、団結して物事に取り組みます。これは、人ひとりが持てる力を把握しているからであり、人が集まって力を合わせることで、人数以上の力を生み出すということを経験上知っているからだと思います。この人数以上の力というのが、絆です。

話を元に戻しますが、私は長い道のりを歩いて通学したことで、同級生の中では誰よりも「友だちと時間を共有できた」と確信しています。そして、いろんなことを体験し、一緒に遊びながら、絆というものを自然に感じてきました。「時が過ぎれば、付き合う友だちも変わる」とよく言いますが、私の場合は決してそうではなく、今でも小・中の友だちと頻繁に連絡を取り、ともに人生を歩んでいるのです。

【配管工→学生→実習助手】

第2章

社会のために！ 現場仕事と両立し、教育者を目指す

■勉強嫌いな私が、自ら進んで夜間大学生に

人生というのは不思議なものです。すでに中学時代で学業への意味を見いだせなくなっていた私は、定時制高校を目指した時期がありました。しかし、幸いにして高校は、前章の通り全日制で卒業しました。勉強なんて、無意味で嫌い。そう思って生きてきた私でしたが、20歳を目前にして勉強する必要性を実感し、夜間大学へ通うことを決めました。この背景には、当時住んでいた大阪府豊中市で出会った同世代のグループからの影響があります。このグループ、

所属するメンバーは学歴も仕事もバラバラで、ただ近くに住んでいることだけが共通していました。話題の中心は流行りものの服や音楽、テレビ番組といったところですが、たまに社会問題や哲学に話が及ぶこともあり、ちょっとした刺激や触発を受けることがありました。そんな中、私は自身の経験から「学校を何とかしたい。生徒のための学校づくりがしたい」と漠然とした使命感が燃え上がり、教員になるため夜間大学へ行くことを決意したのです。

さて、キャンパスライフという言

成人式にて

葉、そして大学生のイメージからは、いかにも楽しそうな日々が浮かんできますが、私を含む夜間大学生にとってのキャンパスライフは、それほど甘いものではありません。とくにひとり暮らし、仕事をしている学生は、毎日が時間との闘いになります。さらに私は、これまで学業を疎かにしていた分、基礎学力があまりにも低い状態でした。そのため、日々の授業では多くの学友に支えられました。入学したのは建築科でしたが、ここはとにかく課題が多く、時間と労力の負担が大きい図面を描く課題が毎週出されました。授業がある日は早めに仕事を切り上げ、18時30分からの始業に間に合うよう登校。そのまま21時30分までみっちり授業を受け、ようやく家路につき夕食を取ってベッドへ倒れ込みました。もしその日に課題が出れば、眠い目をこすりながら、朝方まで机に向かうという状態で、睡眠時間はわずかなものでした。これに加えて、私は教職課程の授業も選択していたことから、少しの時間も余裕がない日々を過ごしていったのです。

こうした無理がたたり、ついに私は交通事故を起こしました。自動車で通勤する途中、信号待ちで停車した前の車に突っ込んでしまったのです。原因は居眠り運転。お互いにケガもなく、大事に至らなかったのは不幸中の幸いでした。

忙しい日々は想像以上のスピードで過ぎましたが、その中でも自身が理想とする方向性は見えてきました。入学当初から目指してきた教員はもちろんでしたが、授業をサポートする「助手」という存在を知り、「これなら自分でもできそうだ」と思いはじめました。どんな形であっても学校で働きたい。そう強い想いを持って、私は実現に向けた行動を開始しました。

■願っていたら、夢が向こうからやってきた！

「どんなことでも、強く願えば、夢は向こうからやってくる」と成功者はよく言いますが、私の場合もこの通りで、夢が向こうからやってきました。大学3回生、23歳のときに私は大阪工業大学高等学校（現・常翔学園高等学校）の建築学科にて、実習助手として働くことが決まったのです。夜間大学で教職課程を選択し勉強していたことに加えて、大工や配管工として働きながら学んでいたことも採用を大きく後押ししたようです。これにより私は、4年間お世話になった水道工事店を退職し、実習助手として働くようになりました。

　現場から学校へと仕事場が変わり、スタイルも生活も一変しました。朝は作業服ではなくスーツに袖を通し、学校へ。「おい、清水！」とぶっきらぼうに呼び捨て

高校の実習助手として

されていた呼びかけも、「清水先生！」に変わりました。ちょうど弟ぐらいに思えるような高校生に毎日囲まれ、毎日楽しい時間を過ごしました。

実習助手になって1年が過ぎた頃には、思い出深い事件もありました。授業中に私語を止めない生徒がいて、私が注意をしたのが発端でした。「しゃべってんと、ちゃんとやろう」「ハア、うるさいねん！」「そんなこと言わずに頑張ろうや」「もう、エエって。関わってくんな」――そんなやり取りの後に、私はついに堪忍袋の緒が切れてしまい、「さっさと作業やれ！」とピシャリ。これに生徒も逆上し、私の胸ぐらを掴んで「助手のクセに、偉そうに言うな！」と言い放ちました。次の瞬間には私に代わって担任が「お前、手出したら退学やぞ」と生徒を怒鳴りつけその場は収まりましたが、自分がやりたくないと常日頃から考えていた〝立場で物を言い、従わせる〟ことをやってしまい、後悔と申し訳なさで気持ちが一杯になってしまいました。人を教える仕事の難しさ、そして仕事の奥深さを実感した私は、この日以来さらに仕事へ情熱を傾けていきました。

ちなみに後日談ですが、この事件で私の胸ぐらを掴んだ生徒とはしばらくギクシャクしていましたが、以後は何かと話す機会が増え、人間関係が深まりました。卒業後は友達を連れて、私の家へ泊まりにくるというまでの絆ができました。

■縁があるなら、話はまた来る

実習助手になった年の夏に私は、海外ひとり旅へ出かけました（詳細はサブ・ストーリーにて）。日本を離れた10日間は初の海外旅行ということもあり、人生に対する価値観は一変しました。しかし、帰国後は以前と変わらぬ日常が再びスタート。たくさんの生徒との出会いはありましたが、仕事は至って順調で刺激はあまり感じられませんでした。

大学の授業と実習助手の仕事に忙しい中、ふとした瞬間には、将来について考えることもありました。このまま単位を取得して、大学を卒業するのは25歳。普通の学生であれば、少し遅いスタートを気にしながらも、迷わず教師の道に進んでいくことでしょう。しかし私は、実習助手を在学中に経験したことで、教師として生きていく限界というものを早くも知ってしまいました。学校という閉鎖的な組織の中で働くがゆえに、現実社会を知る機会は少なくなるのではないか。高校生にとって、一番身近な存在である大人は教師ですが、残念ながら教師が社会を知っているとは言い難いものがあると痛感する自分がいました。「生徒たちのためにも、海外で働き、見識を広げて教師になるべきだ」―そんな想いがよぎるようになったのです。その後、私はＪＩＣＡが実施する青年海外協力隊の存在を知り、海外で働く具体的なイメージを膨らませるようになりました。

折しもこの時期に、かつてニューヨークでお世話になったケイさんからの連絡が入りました。山梨県にある別荘へお招きいただいたのです。ご厚意に甘えて別荘を訪ねると、そこにはケイさんのお父様、また秘書やスタッフなど20名近い方々が滞在されていましたが、快く私を受け入れてくださいました。

別荘では3日間にわたり、もったいないほどのおもてなしをいただきました。ケイさんとはニューヨークでの思い出や近況などを互いに話し、その中で私は青年海外協力隊へ参加して海外で働こうと考えていることも打ち明けました。「そうね。清水君は海外で働く方が合っているのかも知れないね」との一言は、大阪へ帰ってからもずっと耳朶から離れませんでした。

別荘で再会した話はここまでですが、さらに数カ月後に事態は動きました。それは、ケイさんから届いた一通のメールでした。文面では、バリ島で経営する会社のスタッフとして、現地で働かないかとのこと。この数日後には直接電話があり、スタッフとしてのトレーニングは別途行うこと、英語が話せなくてもやる気さえあればできるということを強い語調で話してくれました。私にとっては〝願ってもないチャンス〟が到来したことになりますが、もちろん迷いというものもあるため、「少し考えさせてください」と返答を保留しました。その迷いとは、もう1年間だけ大学に行かなければ、卒業できないということ。いくら夢が実現するといっても、これまで仕事と学業を両立させてきた苦労、周囲の負担は相当なものがあったからです。

その後も答えが出せないままだった私は、当時一番の理解者だった親友・辰巳君のお母さんに相談しようと思い立ちました。先の海外ひとり旅でも空港まで見送りに駆けつけてくれ、その後も海外で働きたいと考えていることを理解してくれていたからです。しかし、返ってきた答えは意外なものでした。

「シミちゃん、今はやめとき。あんたの人生で、今まで続けてきたものは何かある？やり切ったことはあるの？せめて、大学だけは卒業しとき」。私は納得がいかず、食ってかかりました。「でもな、ものすごく縁があっての話やと思うねん。次っていうのはないと思う」。それに対して、お母さんの答えは明快でした。「ほんまに縁があるんやったら、来年に大学卒業した後でもう一度話が来るはず。なおさら断るべきや！」と。ここで私の気持ちは折れ、ケイさんにお断りの電話を入れました。本当にこの判断は正しかったのだろうか。状況から見れば賢明な選択だと納得しながらも、私は突如現れたチャンスを自ら手放したことへの後悔をずっと心に残し、前に進むことにしました。

≪サブ・ストーリー　人生の方向性を変えた「海外ひとり旅」≫

実習助手になった年の夏に、私は知人を頼って、海外へのひとり旅を計画しました。お盆休みは、会社員でせいぜい長くて1週間から10日くらいですが、私は学校の授業がないため、夏期休暇が2週間以上もありました。大工や配管工のときとは違い、実習助手はボーナスもいただけたということで、「今しかできない、何か思い切ったことがしたい」と考え、旅を思い立ちました。

旅先は、すでに決まっていました。それは、〝自由の国〟アメリカです。小さい頃から私を可愛がってくれた、親戚のような存在のインド人女

モナと母、弟とともに

性・モナが「人生のうち一度は海外に行っておくべき」「行くならアメリカが良い」と語っていたことを思い出し、迷わず渡米を決めました。これをモナに話したところ、英語がまったく話せない私の身を案じて、友人・デニーズを紹介してくれるとのこと。また、ニューヨークで合流できるよう連絡役も引き受けてくれました。アメリカでは他にも、かねてから親交があった川崎さんとサウスカロライナで、モナの親友であるキャサリンのお母さんとラスベガスでそれぞれ合流することになり、すぐに

日本→ラスベガス→ニューヨーク→サウスカロライナ→日本

という旅程が決まりました。

2003年8月2日―いよいよこの日から、人生初の海外ひとり旅がはじまりました。事前にモナからは「英語が話せないなら荷物の受け渡しに時間がかかるから、飛行機を乗り換えるときには荷物を預けないように」と言われ、機内持ち込みが可能な大きさのスーツケースに荷物すべてを詰め込んで出発。見送りには、かつて大工時代に住まいを提供してくださった辰巳君のお母さんが駆けつけてく

ださいました。

大阪国際空港（伊丹）↓成田国際空港↓サンフランシスコ国際空港↓マッカラン国際空港（ラスベガス）と飛行機を乗り継いでの移動は、およそ半日にのぼりました。恥ずかしながら、このときは人生初の飛行機搭乗でもあり、緊張と圧迫感で気分が悪くなりましたが、隣合わせたのが日本人で、話をしながら気を紛らわすことができたのは幸運でした。

■【ラスベガス】ベン＆キャサリン母との出会い

海外1日目。私はラスベガスにあるマッカラン国際空港に降り立ち、モナの親友・キャサリンのお母さんが待つホテルへ向かいました。そこで私は、最終日に食事をご一緒する約束をし、それまではひとりでラスベガス観光をすることにしました。

ラスベガスでは、グランドキャニオンを見学し、アリゾナ州のカウボーイ村にあるキャンプで宿泊する予定でした。ラスベガスからグランドキャニオンまではヘリコプターで移動しましたが、目前に広がる壮大な風景はまさに圧巻。そうして、キャンプ近くのヘリポートにひとり下ろされました。

さて、キャンプはどこにあるのだろう。その場で立ち往生していた私でしたが、背後から「清水さんですか?」と驚くほど流暢な日本語が。振り返れば、カウボーイ風の格好をした男性が笑顔で立っていました。

「はい、清水です」「ようこそ。ベンといいます。よろしくお願いします」と会話を交わした後、ベンさんは村へ案内してくれました。

宿泊するバンガローへ荷物を下ろすと、ベンさんは「清水さん、馬に乗りませんか?」と私を誘ってくれました。「OK、お願いします」と返答すると、ベンさんは細かい説明もなく、とにかく馬に乗って手綱を握るよう促しました。この後、

①左に行くときは、手綱を左に力いっぱい引く(右も同じ)。
②止まるときは、手綱を自分の方へ力いっぱい引く。

③歩かせるときは、両足でお腹を蹴る。

と、3点だけ教えてくれ、そのまま出発となりました。

それから私は、とまどいながらベンさんが乗る馬の後ろを必死に追い掛けました。小一時間ほどして馴れてくると、ようやく目前に広がっていたグランドキャニオンの雄大な自然、そしてベンさんとの会話を愉しめるようになりました。

このときにようやくわかったのですが、ベンさんは日本人で、この地で唯一の日本人カウボーイとのこと。テレビ番組でカウボーイ生活を体験させてもらったことが忘れられず、番組収録後に一旦帰国し、仕事を辞めて再び渡米してカウボーイになったそうです。純粋に夢を追い掛け、実現させたベンさんの生き方を知り、私は大きな感動に包まれました。また、ベンさんと二人で夜中にバンガローの外へ出たとき、手元の灯りを消した瞬間に満天の星が輝く光景から「何か一つだけ強く輝いてしまうと、周囲の輝きは薄れ、消えてしまう。しかし、他の星々を照らすように輝けば、皆が輝くようになる」ということも、このときに気づいたこと。カウボーイ村での生活はわずか2日間でしたが、私にとっては貴重な時間となりました。

さて、いよいよラスベガスも最終日となりました。私は、到着時に約束したとおり、キャサリンのご両親とディナーをご一緒することになりました。私はこのとき、カウボーイ村での体験が醒めやらぬ状態で、英語が話せないなりにジェスチャーでこの3日間のことを伝えようと、身振り手振り動かしていました。そんな私を、キャサリンのお母さんは頷きながら聞いていましたが、やがて黙っている間が長くなり、ついに私の話が途切れた際、「若くて将来があるから、忠告するわね。食事をするときは、きれいに食べる努力をしなさい」との厳しい言葉が返ってきました。

作法やマナーを教える人にとっては、当たり前のようなことなのですが、私にしてみればショックでした。この日以来、私はテーブルマナーを意識するようになりました。考えてみれば、私はこれ以降も数多くの出会いがありましたが、このときのように〝食事をともにする〟こともしょっちゅうでした。もし、このときにテーブルマナーを改善させていなかったら…と思うと、少し寒気がするくらいです。何気ないことかも知れませんが、私は深く感謝しています。また、次の目的地であるニューヨークについては、「ラスベガスより治安は良くないから、とにかく気をつけなさい」との注意も。私はこの言葉を信じ、ニューヨーク行きの飛行機へ搭乗しました。

■【ニューヨーク】数年先に人生を転換させる、一つの出会いが

飛行機を2度乗り継ぎ、ようやくニューヨークに到着したのは19時頃。すでに周囲は薄暗くなっていました。相変わらず英語はわからないので、イラストを頼りに移動。とにかくホテルを目指すことにしました。

私が向かったのは、「ホワイトハウス」という名のホテルで、1泊35ドルほどの安宿。真偽が定かではありませんが、クリントン元大統領が泊まったこともあるそうです。私は住所のみを頼りに、ホテルを探し歩きました。道中迷っていると、背後から「ヘイ、ウェア、ゴーイング」との声が。振り返れば、黒人女性が

立っていました。私は住所を記したメモを彼女に見せたところ、何やら調べてから「18ドル」と言い放ったのです。何のことだ?と戸惑っていると、別の方向から「ヒーキャンノットイングリッシュ!」との言葉が飛んできて、日本人女性が間に割って入ってくれました。そのまま彼女の指示通りに、少し離れた場所で座っていると、しばらくして戻ってきました。

この後、彼女は同じ方向だと言い、乗合バスで移動しました。「学生さん?」「はい、昼は働いて夜に学校へ行っています」「将来は何を目指しているの?」「教師になろうと思っています」「ふーん、そうなんだ」と交わした会話は他愛もないものでしたが、直感的にこの女性の人間的な凄みを感じました。さらにしばらく夢中で話を聞いていた私でしたが、降りるべき停留所に到着し、御礼を言って席を立ちました。

世界的にも著名な建物と同じ名前ながら、1泊35ドルという安宿のホテル「ホワイトハウス」。私はなんとか辿り着きましたが、周囲に漂う危険な空気に、入ることを戸惑いました。ホテルの玄関先にはホームレスらしき男性が数名たむろしており、炎を上げたドラム缶を囲んで、暖を取っていました。ただ立ち尽くしているのも危険なため、私は意を決してホテルへ。中に入ると正面にフロントがありましたが、鉄格子と防弾ガラスで覆われているような状態。2階の部屋はホテル名の通りで壁は白かったものの、大きな部屋を無理に仕切っただけで、日本でよくあるネットカフェのような半個室の空間になっていました。これは、かなりマズイな。無事に朝を迎えられるとは思えない――どうしようもなく恐怖を感じた私は、ついさっき別れた彼女が手渡してくれた番号へ電話することにしました。

「先ほどバスでご一緒したシミズです」と私が口を開くと、彼女はすぐに「タクシーに乗って、〇〇というところへおいで。待ってるから」と場所の目印を早口で教えてくれました。私は必死にメモを取り、そのままタクシーへ。ここでもまったく違う場所で降ろされ、色々な人にメモを見せながらようやくその場所へ到着しました。

かつてないほどの恐怖感を味わい、わずか数時間で起こったことを矢継ぎ早に話す私を見て、この女性は爆笑していました。そこは、待ち合わせ場所近くの中華料理店。ここでようやくお互いの自己紹介がはじまりました。

私を救ってくれた女性はケイさんといい、ニューヨークには旅行者に貸すマンション物件を見にきたとのこと。この仕事を終えてから、夏休みのキャンプ旅行へ出かけた二人の子どもを迎えに、カナダへ行くそうです。外国人のご主人共々、ハーバード大学出身で、日本でもマーケティングや旅行、ウエディングに関する会社を経営しているということでした。こうした会話を愉しみながら食事をご一緒させていただき、さらには部屋も貸してくれるとのこと。この日は一旦ホテルに戻り、翌朝にチェックアウトしてから再び、ケイさんのもとへ向かいました。

ニューヨークを訪れた本来の目的だったデニーズとの再会。それは、人生で最も長く感じた到着日の翌日でした。ここでもケイさんに助けていただき、なんとか合流。その日は夕方まで、9・11テロの犠牲者を追悼するグラウンドゼロ、自由の女神像などを見て回りました。

ニューヨークでの3日目。この日はちょうどケイさんとジョギングへ出かけ、夕方ごろには部屋へ戻っていました。窓の外が暗くなってきたので部屋のライトをONにするとすぐに「パン」とライトが消えて部屋は真っ暗に。他の部屋も

ライトが点灯していませんでした。ケイさんはとっさに管理人室へ行ったようで、「停電は部屋や建物だけでなく、街中で起こっているであろう」ことを教えてくれました。さらに調べると停電は大規模なもので、ケイさんの子ども達が滞在するカナダにまでおよんでいるということが判明。さすがの私も、危機感を持ちました。取り急ぎ、近所のスーパーマーケットで飲食物やロウソクを買い込み、部屋で待機することにしました。

「送電がストップして警報器が作動しないから、ギャングが街へ繰り出して荒らすかもだって。外に出たら絶対ダメだね」とケイさんは笑っていましたが、夜が更けるにつれて、外からはサイレンの音が聞こえる回数も増えているように感じました。明日はサウスカロライナへの移動日。でも、停電が回復する気配はまったくありませんでした。

まもなく日付が変わろうという頃、私の部屋の扉をノックする音が聞こえてきました。「シミズ君、まだ起きてる?」という声の主は、ケイさんでした。「写真撮りにいかない?スクープ写真が撮れたら、高く売れるかも」と嬉しそうに一眼レフを触るケイさんに、私は心の中で「さっき、外へ出たら絶対ダメって言ってたよな」と返答しつつ、断ってもムダなんだろうなと渋々承知し、一緒に外へ飛び出しました。

さあ、本書のお読みの皆様は、どんな街のようすをイメージするでしょうか。そこら中で事件が起こっていると思う方もいるかも知れません。ギャングに襲われるというのも、物語としては定番な展開ですね。

しかし、実際に見たのはドンチャン騒ぎ。皆、キャンドルに火を灯し、とても楽しそうにビールやワインを飲み、騒いでいました。考えてみれば理解できますが、送電が止まっているため、電車は動かず、ホテルではカードキーで入室できない状態です。行き場を失った人々は、街にあふれていました。一方で、お店も冷蔵庫や調理器具が使えないので、営業は中止することに。気前の良いニューヨーカー達は、飲食物を振る舞いながら、街にあふれた人をお店へ迎え入れていたのでした。無論、私たちもレストランで食事をし、部屋に帰りました。

次の日。目を覚ましても、やはり停電は続いていました。それでも飛行機のチケットはあったため、タクシーで空港へ向かうことにしました。しかし、辿り着いた空港はコンピュータが動かないため、全便が欠航に。この歴史に残る「ニューヨーク大停電」は、29時間後に復旧しました。サウスカロライナへは、結局2日遅れで移動。それからもう1日延ばしての帰国となりました。一日に何便もの飛行機が行き交い、誰もがごく普通に経験できるようになった海外旅行。しかし私は、トラブルに近い様々なイベントに遭遇し、かけがえのない出会いもありながら、痛快に17日間のひとり旅を終えることができました。もちろんこれらを本書に記したのは今後の展開があるからであり、おそらく発刊後の人生についても、このひとり旅が好影響をもたらしてくるものではないかと感じています。

【実習助手→バリ島勤務】

第3章

二度のチャンスをGET！
あらゆる能力を生かし働いた日々

■大学を卒業し、念願の海外生活へ

前章の通り、私は少しばかり意気消沈しながら仕事と残された学生生活を全力で過ごしました。年が変わり、春が過ぎ、卒業までの残り期間が半年と少しという頃になって、なんと辰巳君のお母さんが放った言葉が現実となりました。ケイさんから再度連絡が入ったのです。

ケイさんはその後も順調に会社の業績を伸ばし、今度はお客様にサービスを提供するための複合施設を建設するとのこと。この施設もケイさんらしいコンセプトで、地元のゼネコンではなく、自分たちで職人や技術者を集めて建設するというものでした。私は大工・配管工の経験があり、建築学科を卒業している〝うってつけの人材〟ということで、白羽の矢が立ったのでした。

「石の上にも三年」「待てば海路の日和あり」など、待つことの重要性については、昔から数々の教訓があります。私は若さもあって、待つことなど考えにはなかったのですが、じっくり焦らずに取り組む大切さ、縁があればチャンスは再び到来することを学びました。もちろん、今回の話は迷わず「やらせてください」と即決。給与や待遇などの条件は後回しにしながらも、大学卒業だけは懇願しました。

この日以来、私はスイッチが入ったかのように、仕事も大学生活も意欲的に取り組みはじめました。卒業論文もあり、息つく暇もないほど忙しい日々でしたが、夢を目前にした人間は強いもので、弱音を吐いたり愚痴をこぼしたりすることもまったくなくなりました。

季節も秋に差しかかった頃、再びケイさんから電話がありました。聞けば、複合施設の現場監督だけでなく、フラワーアートの仕事もやりなさいとの指示が。雇い主からの指示であり、従わないわけにはいかないでしょうが、私は少しパニックになりました。最後には、世界的に著名なフラワーアーティストである中川聖久氏（以下マサさん）とその日に会うことになっていて、取り急ぎ帝国ホテルへ行くように命じられました。

ホテルへ到着すると、待ち合わせであろう幾人かのスーツ姿のビジネスパーソンに混じり、背が高くニット帽をかぶった年上の男性がいました。声をかけると、その方がマサさんで、「どうも、はじめまして。話は聞いていますよ。今回はよろしくお願いしますね」とニッコリ。その後は、ホテルのバーでいろいろな話を聞きました。

当時はフラワーアートのことなどまったく知らない世界でしたが、それでも話を聞いていくにつれ、マサさんがいかに著名で、超一流のアーティストなのかが理解できました。「類は友を呼ぶ」とはこのことで、ケイさんの人脈にはこのときも驚かされました。

さらに話をするうち、バリ島での花の仕事について、概要も教えてくれました。私はマサさんのスタッフと協力して仕事をするそうで、ウエディングを華やかに演出するフラワーアート作品の制作や空間とマッチしたデザインをコーディネートするような内容でした。しかし、私といえば花の扱い方やフラワーアートの基本も知らない未経験者です。「大丈夫でしょうか？」と尋ねると、マサさんは「明日からここへ通って、花について学びなさい」と帝国ホテル内の花店を紹介してくれました。「なんで、オレがこんな仕事せなあかんねん！」と正直納得はしていませんでしたが、それでもバリ島で働ける喜びが上回っていた私は、卒業前の忙しい時期にもかかわらず、無理やりスケジュールに花の修行を加え、さらに慌ただしい毎日を送りました。そしてついに２００５年３月、私は晴れて大阪工業大学建築学科を無事に卒業。翌月にはバリ島へと出発しました。

■人を信用し過ぎると、騙されることもある

日本から直行便に乗って7時間のフライトを経て、私はングラ・ライ国際空港に降り立ちました。荷物は大きなスーツケースと、簡単な大工道具

一式のみ。雨季ということで、日本の夏と変わらぬムッとした蒸し暑さを感じました。鼻をくすぐるバリ島独特の香りを感じながら、入国手続きを済ませて外へ。すると、驚くほどたくさんの人が、待ち人の名前を大書きした紙を持ち、立っていました。私を待っていてくれたのは、ロニという名のインドネシア人で、日本語は堪能。ケイさんのバリ島での事業では、右腕的な存在の方でした。彼とは以前にバリ島へ訪れた際に会っており、久々の再会を喜び合いながら、これから生活する家へと向かいました。

日本ではあまり馴染みがない形態ですが、バリ島では治安の関係で、とくに一人住まいの外国人は現地の方と一緒に住むようにしています。私の場合も同様で、4歳のお子さんがいるリッキーさんファミリーが小さな離れで暮らす形でした。他に自動車が4台ほど駐車できるスペース、庭、プールがあり、いくつかある部屋のうち、3部屋をスタッフとルームシェアし、少し広めの2階の部屋をプロジェクトの事務所にしました。

さて、先ほど見出しに掲げた通り、私は到着した翌日に「騙された！」と感じた事件が起こりました。仕事もなく時間があったので、一人歩いて近所にあったスーパーマーケットへ向かう途中、背後から「イイサンダルハイテル。ニホンジン？」と声をかけられたのです。振り返ると、現地の方らしい風貌でしたが、日本語が話せるというだけで私はすっかり安心し、つい話し込んでしまいました。彼の名はマークといい、聞けば自分の娘が来週に大阪へ行くとのこと。私が大阪から来たことを伝えると、マークは「ムスメニアッテ、イロイロニホンノコト、オシエテ」と、車に乗るよう促しました。

この時点でまったく怪しいと感じていなかった私は、迷うことなく車に乗り込みました。途中で私より年が若い男女が乗車し、40分ほど車で移動しました。やがて、広い庭とテラスがある大きな家の前で停まり、ここで降りるようにと命じられたのです。

この後、私が会ったのはマークの娘ではなく、兄でした。日本のことを教えるということもなく、逆にブラックジャックのやり方を教わりました。それから別室に移り、おそらく私と同じく連れてこられたであろう中国人とブラックジャックで勝負。私は大金を掴まされて参加していたものの、ついにはクレジットカードでキャッシングをし、挙げ句の果てには賭け金の総額が３００万円を超え、自分だけでは払えない状態に陥りました。それでも勝負をしたいとの想いがあり、後日に再会するような約束まで交わす始末でした。

翌日、私は職場の上司である善さんに、身に起こった出来事を話しました。すると善さんは、日本でメジャーな旅行ガイドブックを持ってきて、「声をかけてくるマレーシ

バリ島での住まい

ア人に注意！」との見出しが躍るページを見せてくれました。最近、バリ島では「娘が日本に行くので会って欲しい」と声をかけてくるマレーシア人がおり、実際に会いに行くと「病院へ行っている」と説明し、そのままブラックジャックでの賭けがスタートし、最後は有り金すべてを騙し取られるというものでした。私は見事に騙されたのです。

人間を信用するのは、ほどほどにしておかなければならない。さすがに事件後は、そう思うようになりました。そもそも人を疑いきれない性分なので、従来から「人を騙したり裏切ったりするくらいなら、騙されたり裏切られたりして傷ついた方がいい」と思うようにしていましたが、それだけではダメだということもこのときに悟りました。少々、本筋から脱線しましたが、このようにスリリングな形でバリ島生活がスタートしたのでした。

■バリ島の常識は、やっぱり日本の非常識

世間では「日本の常識は、世界の非常識」と言われますが、これはその通りで、文化や習慣に違いがある外国では〝常識〟という感覚も変わるものです。私はバリ島で働きはじめ、驚いたことが2つありました。

① 職人達のワーク＆ライフスタイル

私は事前に聞いていた通り、まずは建設工事の現場監督として働きました。すでに現地スタッフが職人を集め、少しずつ作業をやりはじめていました。そこで驚いたのが、ワークスタイルの違いです。

職人達は、日本のような安全靴ではなく、ビーチサンダルか裸足のまま作業をしていました。電気工具のようなものはなく、〝人海戦術〟で作業を進めていました。私が見たときも、職人達は皮がむけて血が出ている手で

ハンマーを握り、背丈よりも高いコンクリート壁を打ち砕いていました。

こうした懸命さがある反面、就業時間が過ぎれば仕事を止めてプライベートタイムに。残業代が出るといっても、疲れるようなことはしないというのがバリ島での常識です。それゆえに工期が遅れることもしばしばありますす。また、職人の多くは住み込みで働いていましたが、住居があるわけではありません。現場の片隅に段ボールを敷き、カセットコンロとどこかから引いてきた水道で炊事場を作り、現場のトイレを水浴びスペースにして生活していました。また、ヒヨコを育てる職人もいましたが、これはペットではなく食用で、大きくなったら食べるとのこと。私はまったく想像しなかった世界を前に、衝撃を受けました。

② 不正への認識が甘い商習慣

マサさんとバリ島で

建設工事も順調に動き出した頃、それを待っていたかのように花の仕事が増えはじめました。花の注文、ブーケ作り、会場設営、挙式スタッフの業務…業務がどんどん増えていく中で、私は目前の仕事を取り組みつづけるしかありませんでした。そのうち、建設してきた複合施設の竣工もめどが付き、今度は施設内に開店するフラワーショップのオープニングスタッフを採用し、トレーニングを行うことに。この店は日本で出会ったマサさんがプロデューサーを務めるとい

うこともあって、開店前日にはマサさん本人とスタッフが駆けつけ、フラワーデコレーションの飾り付けをしました。開店日のオープニングセレモニーには、多数の方にご出席いただき、その後も順調に売上を伸ばしていきました。

開店したフラワーショップでは、私が店長を務め、他に4人の従業員を雇いました。そのうち私はフラワーアートや演出を行う機会が増え、店を従業員に任せる時間が長くなりました。そこで私は、4人のなかでもキビキビと動いていたアグースに仕事を任せることにしたのです。

以降は問題なく、店も仕事も動いていると私は感じていました。しかし、しばらくすると、アグース以外の従業員からクレームが上がりました。そのうち「アナタ、ナニモワカッテナイ！」とスタッフが怒り出したことから、事情を聞くことに。すると、どうもアグースが仕入伝票をごまかし、横領していることがわかったのです。

大事にしていた部下の裏切り、そして不正を見抜けなかった自分が悔しくて、私はどうしようもない感情に包まれました。アグース本人も不正を認めたため、結局は解雇することに。さらに不運にも、解雇の影響から負担が大きくなった周囲のスタッフも辞めると繁忙期の最中に言い出し、店も私自身も大混乱となりました。不正は断じて許してはならないことですが、そういった商習慣が残っていることを把握し、未然に防ぐことこそ店長の役目。それを私は今回の苦い経験で学びました。

さて、先述の通りフラワーショップの仕事は、日増しに忙しくなっていきました。世界的に著名なマサさんのお店であり、営業マンがホテルやレストラン、イベント会社へカタログを持参すると、多くのお客様が感動し、うちにも欲しいとオーダーが舞い込みました。これらを演出するのは私ですが、日本とは花も器も違い、それらを含めて対応できるほどの経験豊富ではありません。さらにマサさんも忙しいために、案件ごとに打ち合わせをするような時間は確保できず、ときにはデコレーションへのクレームも入りました。「何かが違う!」「何なんだ、これは!」。そんな言葉に気を落とすこともありましたが、それを見たオーナーは「シミズ、がんばりなよ。日本でマサさんの仕事をさせてもらえる人なんて、数人しかいないんだから。一生懸命に研究して、少しでも自分のものにしていく努力をしないといけない」と、厳しくも温かな言葉をかけてくれました。考えてみれば、心のどこかで〝やらされている〟という感覚があったのかも知れない。私は心から自身の現状を反省し、これまで以上に意欲を持って仕事に臨むように。この頃はホテルやレストランにディスプレイした花の水替えを一人で行い、全身汗だくになった後で、次の仕事に向けデッサンをするというハードな毎日でしたが、気持ちは当初よりもスッキリしていました。

もう一つ、先のスタッフ解雇後の苦労についても、詳細を記しておきます。先に記した通り、アグースの解雇後は周囲のスタッフに頼らざるを得ない状況となり、他の3人には相応の負担がのしかかりました。それまでは、かなり手ぬるい仕事ばかりをさせてきたので、彼らにとっては体力・精神面ともキツい状況に陥りました。うち1人が、すぐに「辞める」と言い出し、連鎖的に残り2人も退職を願い出たのでした。季節はまもなくクリスマス。その先には正月もあり、これらを祝う演出としてデコレーションのオーダーがとくに増えます。1年のうちで最も忙しい時期といえるでしょう。このタイミングで退職されるとどうしようもないため、少しばかり給与をアップさせてでも残ってもらおうと交渉しました。結局のところ、彼らは長続きせず辞めていきましたが、入れ替わるように他のセクションにいたスタッフが紹介をしてくれ、正社員として働いてくれるようになりました。それで何とか、この繁忙期を乗り越えることができたのです。この後も5人体制で仕事をするようになり、私自身もバリ島に住むさまざまなアーティストとのコラボレーションができるように。こうして少しずつ経験を積み、さらに仕事の幅を広げていくことができました。

■「機が熟した」タイミングでの昇進&結婚

前章で綴りましたが、私はバリ島で働くというチャンスが巡ってきたことにより、「本当に縁があれば、何度でもチャンスは到来する」ことを学びました。これに加えて、人間には、何事にもふわさしい「好機」「時」というものがあるということも、自身の体験によって学び取ることができました。それは幸運にも、仕事での昇進と結婚でありました。そもそも結婚願望が出てきたときに、「結婚するには、こんな自分になっておきたい」という自分なりの理想像を持ち、そうなれるよう願っていたということもあります。やはり「願ったことは、強ければ強いほど叶うもの」なんですね。そして何より、実現させるためには願えるだけのイメージを明確にすることが大切なようです。

さて、私は25歳のときに日本を離れましたが、その際は本気で「バリ島に骨を埋める」覚悟でした。とはいえ、何処であろうと結婚適齢期は迎えるもので、30代が見えてきた頃から、結婚願望というか、それに近い意識

を持つようになりました。幸いにして現地スタッフ達は、少しでも可能性があるならと、現地在住のインドネシア人を何か機会がある度に紹介してくれ、自分でも感情がよくわからないものになっていきました。恋愛ドラマにはよくある設定ですが、こうしたときに出会った女性がのちに運命の人となるもの。私もまったく意識はしていませんでしたが、この頃に出会った日本人女性と、この後に結ばれることになりました。

それは、私がバリ島へ来て半年が過ぎた頃でした。日本にある支店から、バリ島のス

タッフに仕事を教えるトレーナーとして、一人の女性が赴任してきたのです。ちょうど初めて事務所を訪ねてきたときに、私は上司の善さんからの指示で、履歴書を受け取ってくるよう言われ、そこで対面。その場で偶然、履歴書に書かれていた住所が目に飛び込んできました。「えっ、オレこの近くの学校で助手やってたんやで」という会話からはじまり、彼女とはいろいろな話をする仲に。仕事終わりには、一緒に食事をしながら会話を楽しみました。共通点が多いということはありますが、とても親近感が持てる相手だなと思っていました。そんな彼女の名はサラ。私よりも2つ年上で、バリ島でのトレーナーの仕事が終われば、帰国して結婚する予定があるとのこと。このときの私は「そうなんだ」と素直に喜ぶ程度で、単にビジネス上の仲間という意識しか持っていませんでした。

それからほどなくして、会社ではスタッフ数が増えたことから、新たに社宅を一軒借り上げてくれました。そこへ私とサラ、フォトグラファーのアメリカ人女性との3人でルームシェアをすることに。働く部署が違うため顔を合わせるのは朝くらいですが、たまに休みが一緒になるとどこかへ出かけたり、共通の友人であるスタッフが遊びに来たりと、賑やかな日々を送っていました。

そのうち私は、突然の高熱に襲われました。病院ではデング熱と診断され、そのまま緊急入院となりました。このときはサラが付き添い、看病してくれました。入院は3日ほどで、以降は自宅療養となりましたが、その後もサラが食事を用意してくれることもあって、「こんな風に気が利く彼女と結婚できたらなあ」と思ったことを覚えています。

仕事の面でも、サラは優れた能力の持ち主で、以前には日本の支店で最優秀の販売成績を叩き出し、報奨旅行でこのバリ島を訪れたといいます。仕事に対する情熱はものすごく、わずかでも妥協を許さない徹底ぶり。時には厳しくスタッフを叱りつけました。私は別の部署ながらウエディングに関わる点では一致していて、社宅ではしばしば仕事の話に没頭。意見が衝突して朝まで討論し、あまりにお互いが譲らないため1週間ほど口をきかないということもありました。こうしているうちに時は流れ、あっと言う間にサラは契約期間を終えて帰国の途に。私は心から尊敬できる同世代と仕事ができたことに、深く感謝していました。

それから、さらに1年半が過ぎました。私といえば充実した日々を過ごしていましたが、社内ではちょっとした騒動が起こっていました。それは、私の上司であり、現地のゼネラルマネージャーである善さんが、突如として退職する

バリ島時代のスタッフとともに

と宣言したのです。元来から英語が堪能で、業務面でも意欲的にこなす仕事ぶりから、現地の旅行会社からヘッドハンティングされたようでした。しかし、このままでは日常業務に支障をきたすことから、早急に代役が必要となり、なんと私がゼネラルマネージャーを務めることになったのです。

時を同じくして、私のもとには日本から小包が届けられました。送り主はサラで、中には大量の食料や本、そして手紙が入っていました。文面にはバリ島での思い出とともに、感謝の言葉が。私は1年半前の様々な記憶が蘇り、無性に会いたいという気持ちになりました。ちょうどスタッフからは、サラが結婚の約束を交わしていた彼氏と別れた話も聞いたことから、私はまだ付き合ってもいないのに「プロポーズしよう」と一人決心し、密かに日本へ帰国する機会が訪れるよう、願うようになりました。

すると、どうでしょう。日本の本社から、ゼネラルマネージャーとして帰国し、会議へ出席せよとの指示が飛び込んできたのです。私は「いよいよ時が到来した」と自分なりに納得し、颯爽と日本へ。会議を終えてからバリ島へ戻るわずかな時間にプロポーズをすると、サラは「はい」と素直に承諾してくれ、私は結婚の約束を取り付けました。

結婚式を1年後に設定し、私はさらに意欲をもって仕事に取り組みました。そのうち、他のホテルから新店舗開設のお誘いがあり、今度は工期内に店舗をオープンさせることができました。さらにもう1店舗、サロンを開店することができ、バリ島で4店舗へと拡張することに成功。スタッフは100名も間近というところまで成長させることができました。その後も私はフラワーアートの仕事を継続しつつ、管理業務も行う忙しい日々を過ごしていました。

コラム

ルームシェア生活のすすめ

私はあまりテレビを観ることはありませんが、お客様との会話でも時折、ルームシェアをする男女の恋愛ドキュメンタリー的な番組が流行っているということを耳にしました。まあ、テレビ番組にするくらいですし、わざわざ恋愛を絡めてくるあたりが、非日常感を表しています。反対に欧米ではルームシェアが一つの文化というか、ごく普通の生活スタイルになっています。先の通り、私もバリ島では、後に妻となるサラ、フォトグラファーのアメリカ人女性と3人でルームシェアをして住んでいました。

私論ながら、私は日本でもルームシェアの文化が普及してくれればと思っています。日本では賃貸契約や誤ったイメージにより難しい部分もありますが、とくにひとり暮らしをする人にはオススメしたいところです。

私自身にも経験がありますが、ひとり暮らしが続くと、考え方もひとりよがりになり、他人に配慮することがどうしても下手になります。「一人でいる方が気楽でいい」なんて言いながら、結婚しないという気持ちもわかるのですが、人間としての質を高めていく上では、あまりプラスに作用するとは思えません。

突然ある日から「ルームシェアをする!」と決めても、知らない人を探して住むというのはリスクが生じます。例えば、少し広めの部屋にひとり暮らしをして、たまに知り合いと過ごすというところからスタートするという手もあります。一軒家を借りて、仲間とワイワイ暮らすというのもありでしょう。その上で、異性を含めて3、4人で暮らすようになると、夢や現実の問題、相談事などを語り合いながら、自身の見識や人生観を広げていくことができると思います。そして、血がつながっていなくても、家族のような存在として生涯付き合える友だちにもなっていくことでしょう。

こうしたチャレンジは、もちろん結婚してからは難しいですし、年齢を重ねてからというのも大変です。ぜひ、若いうちにやってみることをオススメします。そのチャレンジから、考えてもみなかった新しい人生がはじまるかも知れません。

【バリ島勤務→保険営業マン】

第4章

未来のために！アートセンスを生かして「保険営業マン」へ転職

■長男の誕生と経済力

バリ島ではゼネラルマネージャーとして会社を引っ張っていた私でしたが、2010年5月には保険営業マンへ転職しました。今回も、きっかけとなったのは「うちにおいで」と言いつづけてくれていた先輩の存在があってのものですが、心を動かしたのは長男の誕生、そして〝経済力〟という言葉でした。

私は職務上、売上や利益といった点を意識しながら仕事をしなければならない立場にあり、お金というものの大切さは理解していたつもりでした。そう、つもりというくらいですから、きちんと理解していなかったのです。例えば当時、こんなことがありました。

――日本のある企業から新店舗出店のオファーがあり、ゼネラルマネージャーだった私は交渉の陣頭指揮を執っていました。私はこれまでの実績やブランド力、今回のオファーにかける情熱などを幾度もぶつけましたが、結局は収支のバランスや利益性の問題から断念となり、白紙となりました。

ここで、もしお金の大切さを理解していれば、仕方ないとあきらめられるでしょう。時期を待つ、競合相手に提案するといった別案も思案できたかも知れません。でも、当時の私はお金というよりも、熱意が伝わらなかったことが悔しくて、仕事への意欲が削がれてしまいました。それは、「ビジネスなんて、情熱さえあれば成功するし、お金の問題なんてすぐ解決する」という考えが、心のどこかにあったからだと思います。

そしてもう一つ、お金に関して考える機会がありました。それは、保険です。長男が誕生したことで、自分自身の生命保険、学資保険などをあらためて考えるようになりました。愛する妻のお腹の中でスクスク育ち、ようやく生まれてきてくれた長男。本当に小さなわが子を抱いた私は、心から「この子の未来のために、もっと知っておくべきこと、考えておくべきことがあるな」とつくづく思いました。当時とくに感じていたのは、経済力について。バリ島では日本よりも貧富の差が激しく、ある一面ではお金が人生を左右するといっても過言ではありません。じゃあ、そのために自分は何ができるのか。何を教えることができるのか。そう考えたときに、私は自分自身がもっと見識を深め、社会で生きていく術をもっと幅広く知っておくべきだと感じました。そうした思いを巡らせているうちに、章の冒頭で触れた「うちにおいで」と言いつづけてくれていた年上の友人、新居見さんの顔を思い出し、日本へ一時帰国することにしました。

新居見さんは、銀行員として10年のキャリアを持ち、幅広い金融知識を持っています。今は保険会社に勤務し、保険商品を販売する外交員、いわゆる営業マンをしています。突然の連絡にもかかわらず、新居見さんは快く私のために時間を空け、話をしてくれました。保険の仕事というと、当初は「マニュアル化された話をして、生活に余裕がある人へ保険商品を売るだけ」「保険商品を売ればお客様との付き合いは終わり」というイメージでしたが、実際はお客様と生涯ともにする仕事であり、経済的に困ったときのために保険があるということを教えていただきました。また、実際に働く上で参考となる給与や勤務の態勢、保険市場の現状などについても、事細かに教えてくださいました。

この数日後に私はバリ島へ戻りましたが、すでに転職する決心はついていました。５年前、私をバリ島へと導いてくれたケイさんに仕事を辞めることを告げると、慰留はしてくれたものの、私の頑固な性格から、無理強いはしませんでした。むしろ人件費の面でも日本人の私が働くよりも、現地スタッフの中から代わりの後任を選んで引継いだ方が良いという判断もあって、私の退職が決まりました。思い返せば5年前、私は英語さえできない状態でバリ島へ来て、現地に住むインドネシア人、ジャワ人、アメリカ人、マレーシア人などさまざまな方と仕事をしました。イスラム教、ヒンドゥー教、キリスト教、仏教など、信仰する宗教による考え方や価値観の違いなども知ることができ、私の人生にとって本当に貴重な時間だったと実感しています。

■経験ゼロ、話し下手…入社4カ月目の危機

バリ島から日本に帰国した私は、生まれ育った大阪にある保険会社に転職を果たし、新生活をスタートさせました。これまではシーンに合わせていた服選びも、仕事柄スーツ姿が日常となり、毎朝パリッとしたワイシャツに袖を通して家を出るようになりました。

朝は少し早めに出社し話法のトレーニング、営業のロールプレイングをするというのが日課となりました。日中は保険に関する基礎知識や考え方、契約に関する心得、関係法規、保険金の支払事例など、保険営業マンが知っておくべき基本を1カ月間で学びました。

この期間中は、自宅まで徒歩で帰ると決め、その道中では1日を振り返ったり、ロールプレイングの練習をしたりしながら歩きました。これは漫才師の方のアドバイスで、営業マンが自分らしく話せるペースを身体に覚えさせるためには、歩きながら話すのが一番という教えを耳にしたからです。私はセリフを覚えるように、一人ブツブツとセリフを言いながら歩きつづけました。

いかなるときでも、努力というものは実を結ぶ

「おいで」と入社を勧めてくれた新居見さんと

ものです。当時、社内ではロールプレイングを競う場があり、その予選で私が支店で第2位の成績で、見事本戦へ通過となりました。本社には全国各地の支店から選ばれた社員が集結する中、私は僅かに制限時間を超過し、ここでも第2位という成績に。私は悔しさで一杯でしたが、周囲の方々からは、「入社数カ月の新人社員なのに、よくがんばった」とお褒めの言葉をいただきました。

肝心の保険営業では、入社してすぐということもあり、古くからの友人や知人とはすぐに会う約束が取れました。そこでいろんな思い出話もしながら、研修で聞いたことを話していくと、いわゆるご祝儀的な形で契約が取れました。これによって最低限の営業成績が確保できたことから、初めて会うお客様にも自然体で話すことができ、そこで自分なりに考え、保険への想いや共感できる事柄を話したり、ちょっとした工夫を加えたりするようになりました。詳しくは後述しますが、この工夫により保険を成約させることができるようになり、新たなお客様を紹介いただくということもできるようになっていったのです。

しかし、そんな〝ご祝儀〟は何カ月間も続くわけがありません。次第に会える友人や知人も減り、比例して成約できない日が続きました。会社にもよりますが、保険営業マンは何カ月間も連続して契約が取れなければ、退職を余儀なくされます。「何とかしなければ、生活できない」との恐怖感から、やがては半ば強引に営業してしまうこともありました。また、話す内容も研修の受け売りであり、相手の不安感を煽ることぐらいしかできません。もう、そうなってしまえば友人たちはどんどん私から離れていく一方で、さらに契約が取れない悪循環に陥りました。

「もう、人と会うのも怖いんです」と、私は入社を勧めてくれた先輩に打ち明けました。先輩も気持ちを察してくれて、私の話を一通り聞いてくれました。その上で、「どうせなら、このセミナーを受けてみて、それでもダメなら辞めたらどうか」と、あるセミナーの存在を教えてくれました。

新居見さんが紹介してくれた営業セミナーは、「売れない営業マンでも、セミナー受講後には保険が飛ぶように売れるようになった」という謳い文句でした。気になる受講料はというと、3日間で30万円と高額。真偽はわからない。でも、迷っているヒマもない。判断に迷った私は、急ぎ家へ帰り、妻に相談しました。

こうしたときには、心から女性の芯の強さに感動します。妻はためらうことなく、「いいやん、行って来たら。まだ入社したばかりで何もわからへんやろ。まず勉強して、それでも全然あかんかったら潔く辞めたらええねん」とキッパリ。この言葉に私の腹も決まりました。

そして迎えたセミナーの初日。会場に着くと、すでに参加者であろう中年の男性が座って待っている状態でした。今回は私とこの方の2名のみですが、高額ゆえ実施されるようです。そのうち、講師もやって来てセミナーがスタートしました。

セミナーでは、私が悩んでいた「電話や人と会うことが怖くなる」ことについて取り上げ、なぜこの業界だとそうなってしまうのかを考えるとこ

ろからはじまりました。つづいて、この仕事を選んだときの気持ちや仕事を決めた理由、何のために仕事をするかなどを自身で思い返し、発表しながら、精神的な部分の検証を中心にして1日目が終了しました。その後ホテルに帰ってからは、今日のセミナーで教わったこと（鏡の前で最高の笑顔をつくり、自分に向かって「お前は信念が強い」と言って眠る）を実行し、ベッドに入りました。

2日目の朝は、昨日の疲れもスッキリと取れ、爽やかにスタートしました。その日は、具体的な保険販売のイロハをわかりやすく丁寧に教わり、あっと言う間に時間が過ぎていきました。研修で学んだこと、先輩方から教わったことの意味が講師の話でようやく理解することができ、「そうか！」「わかった！」という発見の連続でした。さらに講師がお客様になってのロールプレイングでは、お客様が何のために保険に入るのか、保険に対して自分自身はどう思っているのか、などの徹底した問いかけが。また、保険と日本の行く末についての考えも聞きました。気がつくと終電間際ということで、2日目が終了。そして迎えた最終日には、2日間の復習、また精神面での強化も再度行い、プログラムが終了しました。

帰阪してからの私は、生まれ変わった気持ちで仕事に取り組みました。お客様を前にしても、これまでやっていた研修の受け売りではなく、自分の言葉で話せるようになりました。また、お客様の不安を煽るということもなくなりました。この効果はすぐにお客様の反応に表れ、身を乗り出して私の話を聞いてくださったり、友達や身内をご紹介していただいたりということが増えました。ここまで私を引き上げてくださった講師、そしてセミナーへの参加を後押ししてくれた妻には、心から感謝しています。

■「誘われる＝幸運と出会う」を実感した出会い

本書は、私の数奇な転職話をもとに、「おいで」と誘われること、そして「誘いを真正面から受け止めること」で幸運を掴むということを読者の皆様に伝えたいという想いから発刊しました。実は、こうした想いに至ったのは、ある出来事があったから。それは、今でも大切にお付き合いをさせていただいているお二人との出会いでした。

まずは、喜多先生というドクター。60代で開業医をされており、毎月1回は地域にお住まいの方、医師仲間を集め、とくに若い世代に対して語り継いでおくべきことを話される会を持たれています。「保険の仕事をするのなら、医師の知り合いがいた方が良いですよ」と高校時代の後輩が紹介してくれたことがきっかけでした。しかし、実際にお会いするまでは、「何も知らない保険屋」と見下されたらどうしようとの不安から、気乗りしないまま、その会へ参加させていただくことになりました。

会ではお話を聞いてばかりだったこともあり、終了後には喜多先生と懇談する機会をいただきました。「これからの時代は、長生きすることがポイントになる」「いかにして健康なまま齢を重ねていくかが重要」という話は、私が先のセミナー以後に信念としていた『生きていて、使える保険』を売りたい」ということにも通じる部分があり、非常に共感できました。私自身もこの信念を伝えたところ、喜多先生に気に入っていただいたようで、翌週には診察に立ち合う機会もいただきました。先生が常に、受診する患者さんに対して「健康に長生きするためのアドバイス」を欠かさない姿には大変感動し、私自身にとっても大切貴重な時間を過ごさせていただきました。

もうお一人は、第六十二代横綱・大乃国、現在の芝田山親方です。お会いしたきっかけは喜多先生からのご紹介で、「親方と食事へ行くから、清水君もおいで」と電話をいただきました。恥ずかしながら、私は有名人や流行に疎く、親方の名前を聞いたところで、誰かわからなかったのです。

喜多先生は角界の関係者に知り合いが多いことは知っていたので、相撲部屋の親方ということはすぐにピンときましたが、その程度の理解にとどまりました。私は相撲について何も知らないこともあり、「今回は遠慮させてください」と返答。しかし、5分後には喜多先生

喜多先生（後列右）、芝田山親方（中央）と

のご子息から電話が入り、断らずに来るよう再度お誘いを受けました。ここまでお誘いいただくのなら、断るわけにいかない。そうして私は、急いで待ち合わせ場所へ向かいました。

席を予約していただいていた焼肉店には、喜多先生とご子息、角界関係の方と私の4人で先に入り、食事をはじめていました。しばらくすると、大きくて優しい笑顔の男性が入店するのが見えました。それが芝田山親方その人でした。それから乾杯をし、和やかなムードのまま食事が進み、私も頷きながらみなさんの話を聞いていました。

40分くらい経った頃でしょうか。喜多先生が機転を利かせて、私を紹介してくれました。「親方、生命保険の営業をしている清水君です。話を聞くと、『生きていて、使える生命保険』を販売すると、面白いことを言う子です。よろしくお願いします」との言葉に、親方からは「興味ありますね」との一言が。その場でいろいろと質問もしていただき、私も場をわきまえながらお話をさせていただきました。

このまま食事会が終わり、一行は店の外へ。親方も一日中大阪を回られていたようで、ご自宅へ帰られるようでした。私も帰ろうとしていると、親方は気さくに「これからどうするの？」と声をかけていただき、帰る旨と自宅の場所を伝えると、「近くのようだから、一緒に帰ろう」とタクシーにも同乗させていただき、さらに色々なお話を車中で伺うことができました。親方とは、その後も度々お声がけをいただき、東京にある部屋へお伺いさせていただいたり、大阪場所でもご挨拶をさせていただいたりとお付き合いをさせていただいています。

さて、このお二人との出会いを振り返り、私は「誘われる」ということの大切さを実感しました。誘われた場が楽しそう、価値がありそうだという自己中心的な判断ではなく、誘ってくれた側の心遣いを大切にするべきなのです。また、自分が行きたいと判断した場合は、大抵その場は盛り上がりに欠けてしまうもの。それは、その場に対する期待値が高いからでしょう。対して、自分が行きたいと思っていない場で、出会いや有益な出来事があれば、それは正真正銘の幸運であるはず。つまり、「誘われる＝幸運と出会う」チャンスということです。現実には、すべての誘いに応じるだけの余裕はないのですが、できる限りの努力をするように意識づけています。

■過去の自分との「勝負感」を持つ重要性

保険営業マンは、成績が一切を決する勝負手です。過去の栄光がどうであれ、現時点で結果が出せなければ敗者であり、業界を去らなくてはなりません。厳しさゆえに「プロの仕事」ともよく言われます。実際に保険会社では、少し前まで「成績ゼロが数カ月続くと解雇」という暗黙の了解があり、業界未経験だった私は衝撃を覚えました。先にも触れた通り、この恐怖感は相当のものがあったのです。

一方で保険営業マンは、優秀な成績を収めたことに対する報奨制度も充実しています。例えば、社内で実施されるコンテストでMVPを獲得すると、全社を挙げた表彰式にて賞が授与されます。この表彰式は報奨旅行の意味合いもあり、受賞者は会社の費用で海外旅行を愉しめるということになります。

私が保険営業マンとして2年目だった頃、コンクールのMVPタイトル獲得まであと少し、というところまで成績を伸ばしたことがありました。締切まではあと1週間。私には当然ながらMVPタイトルを獲得したいという想いがありましたが、同じくらいあきらめや不安を抱えていました。どうしたらいいのか。プレッシャーはとても大きく、考えると壊れそうなくらいの苦しさを味わいながら営業をしていました。そんなある日の深夜、新居見さんから電話がありました。何気ない会話でしたが、最後には「あきらめんと、最後までがんばろうぜ。絶対に（MVPタイトルを獲得して）海外へ行けるから」と一言。それで通話が切れました。

後で聞いた話ですが、新居見さんはあと少しのところで苦しむ私を見て、どう接してあげることがベストなのかを悩んでいたそうです。このまま声をかけずに締切を迎えさせてあげることもできる。しかし、あと一歩のところであきらめてしまえば、そのままあきらめることがクセになってしまう。また、一度は達成感を味わうことができなければ、次のステージには立てない。そんな葛藤の中、新居見さんは電話をしてくれたそうです。

自分には、応援してくれる人がいる。電話の言葉が本当に嬉しくて、私は新居見さんの期待に何とか応えたいという想いが沸き上がり、翌朝には強い決意に変わっていました。残り期間はあとわずかでしたが、周囲の協力も大きく、一気に残りの数字を積み上げることができたのです。そして、この年のMVPタイトルを無事に獲得し、アメリカ・サンディエゴで開催の表彰式に参加。さらに2年後には再び好成績を取ったことで、フィリピン・セブ島での表彰式へ参加することができました。私はどちらかというと不器用な性分であり、営業はそう得意ではありません。一度に大きな数字を上げることもありませんが、自分らしさを生かした営業スタイルでお客様に接しながら、今も人生を愉しませていただいています。

コラム

保険とアートの不思議な共通点

日本人にとって、保険は身近な金融商品の一つです。公益財団法人生命保険文化センター「平成27年度生命保険に関する全国実態調査（速報版）」では、日本の生命保険（個人年金保険含む）の世帯加入率は89．2％に達しており世界でも高い数値となっています。そんな保険を販売する仕事とアートには、不思議な共通点があります。読者の皆様には「ふーん、そんなものなのかな」と思われるだけかも知れませんが、私にとっては大きな気づきだったので、ここに綴らせていただきます。

さて、私は前職にフラワーアートの仕事をしていました。どんな人でも、自分なりの視点や考えがあり、それが作品に反映されていくもの。ですが、私の場合は大きく違ったようで、「なんで、そんな発想なのか理解できない」

とよく周囲に言われていました。同じ花を生けるのに、できあがる作品はまったく別物になる。私といえば、バリ島で出会ったアーティストの作品を観る度に、「いい作品を生み出すんだから、視点や考え方もちょっと違うものだろうなあ」と思っていました。

それからしばらく経って、私は保険営業マンになったわけですが、4カ月目に直面した危機と、セミナーを受講してようやく乗り越えた頃から、「保険も花と同じ、アートだな」と確信するようになりました。

私たちが扱う保険商品は、値引きをしたり、オプションサービスを付けたり、ということは一切ありません。性別や年齢、既往症など契約者の事情によって支払う保険料は変わりますが、保険営業マンによって内容自体が変わることはないのです。しかし、保険営業マンは契約時に保険の設計をします。これは大まかに言えば、お客様に最適な保障内容や金額を設定してご提案することですが、当然ながらここで内容に個人差が生じます。こうした個人によって違いがあることがアートに通じる部分です。

かつてフラワーアートをしていたときに、マサさんは私と同じ花を使っているのに、まったく違った作品を生み出していました。保険も同じといえるなら、自分はお客様が本当に求めていること、ほんのわずかな心情や想いというものを汲み取ってのご提案ができれば、お客様の感動や笑顔を生み出すような契約につながることでしょう。目前のお客様を前に、単に「今は保険が必要と考えていない」「自分とはフィーリングが合わない」と決めつけるのではなく、人としてお付き合いをする中でいろいろなことを知り、その方の幸せを作り出せるよう仕事に取り組んでいきたいと思っています。

【保険営業マン→世界一の賞】

第5章

ナンバー1！
世界が認めた、
清水流のお客様サービス

■一杯のワインが生んだ〝奇跡〟

前章では喜多先生、芝田山親方との出会いを通し、誘われるということの大切さに触れました。以後、私はいろいろな方からのお誘いをお受けしながら、着実に人脈を広げていきました。

そうしたお誘いの中で、ワイン愛好家の方が月に1回ほど集い合う「ワインの宴」という会への参加がありました。実のところ、私は下戸でワインを嗜めるような人間ではなく、愛好家の皆様ほどワインへの情熱はありませんでしたが、参加者の皆様との出会いが楽しみで度々参加していました。もちろん、お付き合いの先には営業的な考えもあるのですが、保険という仕事がフィルタになってしまい、なかなか本当の意味での人間関係が築けないため、こうした会では名刺を出さないようにしています。本当にフィーリングが合い、利害関係抜きにしてお付き合いができる人とじっくり付き合いを深める。その上で仕事の話も知ってもらうというのが私なりの営業スタイルです。保険営業マンは、仕事を辞めない限りはずっと一生涯、そのお客様の担当者になります。だからこそ、こうしたスタイルで仕事をするようになりました。また、こうした会へ初めて参加する際には、バリ島での経験が生ききました。言葉が通じない中でコミュニケーションを取るために苦労したことから、相手の立場や職業、話す言葉にかかわらず、その場での感情や意思を読み取ろうとする意識が自然に備わっています。おかげで交友関係は参加する度に広がりを見せ、私自身も楽しさが増していきました。

そうした中、ワインの宴で私の前の席に座った一人の女性がいました。話を聞けば、以前にはインドネシアの銀行に勤務していたとのこと。私が同じインドネシアのバリ島にいた話をすると、すぐに会話が弾みました。他にもさまざまなご経験をお持ちで、何を聞いても面白く、私は後日改めて食事をご一緒させていただく約束を取り付けました。

この女性は船津さんといい、世界的に著名なグランプリ、コンテストなどの申請業務を通じて、日本の優れた物やサービス、人物を海外に紹介するお仕事をされていました。私もバリ島で生活しており、グローバルな話自体は興味があるのですが、あまりに話のスケールが壮大で、食事の席では「へえ」「そうなんですか」と驚くばかりでした。しかし、これを機に私とも親交を深めてくださり、船津さんご自身が主宰される食事会などにも同席させていただきました。

この出会いからしばらく経った頃、私は社内のコンテストに応募しました。これは以前にＭＶＰタイトルを獲得した営業成績ではなく、会社が掲げる「お客様中心主義」に沿う社員の取り組みを賞するものです。このときは、以前から私とお客様との間で行っていたあることについてまとめ、応募。しかし、このコンテストでは入賞できませんでした。

■お客様と今の輝きを未来に残す「スマイル・フォト」

さて、先ほど社内コンテストで応募した「私とお客様との間で行っていたあること」というのは、私と契約したお客様が一緒に写真を撮るというもので、「スマイル・フォト」と名付けました。これは私が保険営業マンになった当初に、「保険契約というものが、いかに人生において大きな買い物なのか」ということを学んだときに、いわゆる高額商品といわれる住宅、自動車のように記念撮影をしないことに違和感を持ったからです。保険会社も単に

お客様との「スマイル・フォト」

保険証券だけでなく、お客様の顔写真をきちんと書面にとどめ、大切に保管するべきではないかと思いました。しかし、一保険営業マンが勝手にこのような取り組みをするのは、おかしな話。そこで考えたのが、スマイル・フォトでした。

日本では「記念撮影をする」文化が根づいています。ご契約いただいたお客様に「せっかくなので記念撮影をさせていただけませんか」というと、よほど写るのが嫌いでなければまず断られませんし、笑顔こそご納得いただいた証になります。先ほども触れましたが、保険は毎月のご負担が少なく済むよう設計しますが、それでも積み重なれば、金額も大きくなります。それを承知で、「残された家族のために」と契約を結んだお客様の気持ちを、この写真にとどめたいと思いました。また、万一お客様が亡くなられた際には、その写真をご遺族にお届けするということもできます。さらに保険営業マンにとっては、自分の姿を写真に残すことで、お客様に対する責任感、仕事に対する使命感を今以上に強く意識することができるでしょう。保険会社としても、担当者が変わって引き継ぎをする際、より確かな形でお客様を知る手がかりにもなります。他にも、一枚の写真があることでお客様のためになることは、まだまだあると思うのです。

このサービスのこと、そして私の想いを聞いてくださったお客様には、大きく共感をしていただきました。中にはお知り合いを紹介していただくということも。そんな経緯もあって、私は自信を持ってこの「スマイル・フォト」を社内コンテストへと応募したのです。

■かつての出会いが拓いた「世界への道」

社内のコンテスト入賞を逃したことに気づいた頃、私はすでに80人のお客様とスマイル・フォトを実施し、いずれもご好評をいただいていました。

そんな折、この章の冒頭にも触れさせていただいた船津さんの食事会があり、その席で場を盛り上げる話題になればと、このサービスの話をしたのです。すると、船津さんは大変興味を持たれたのか、その後に詳細を聞いてくださり、さらに「それを今度のスティービー賞へ応募しましょう！」とお誘いいただいたのです。

日本ではご存じの方が少ないと聞いていますが、スティービー賞は世界的なビジネス賞で、「ビジネス分野のアカデミー賞」と称されています。映画界のアカデミー賞、特定分野のノーベル賞などはありますが、すべての業種を対象にしたビジネス賞は存在しないことから、アメリカ人のマイケル・ギャラガー氏が２００２年に創設しました。賞は５つ（現在は６つ）の部門がありますが、船津さんの話では日本人も応募できるカスタマーサービスに関する部門へ応募するということでした。

私はこの賞について、名前すら知りませんでした。しかし受賞者を聞くと、日本ではトヨタや三菱グループの会社、花王といった大企業が名を連ねており、正直言って「入賞なんて無理だ」と思いました。しかし、それでも背中を押してくださる船津さんに応えたいと、私はその場で「お願いします」と頭を下げました。

かつて出会った人からのお誘いから、応募を通じて私は世界につながることができました。発信した自分の想いがどう評価されるかは審査員に委ねるしかありませんが、それ以前の問題として、まずは応募した者にしか与えられないということを私は理解していました。ただ、それを認めようとしないのが日本で根強く残る習慣があり、周囲に話したところで、多くの方は理解しようとせず、逆に否定的な意見を一方的に話すもの。そのため私は、ごく一部の方だけにこのことを伝えていました。

保険営業マンはそれぞれ、自分らしい営業スタイルというものを持っています。多いのは新規のお客様へどんどん会っていき、保険商品を説明していくものですが、やがてお客様の数が増えてくると新規のお客様と出会う時間が減ってしまい、ついには新規営業ができなくなるといったデメリットがあります。対して私の場合は、人伝いにご紹介いただきながら、さまざまなことを通じて自分とフィーリングが合うお客様と長くお付き合いしていく営業スタイルを取っています。また、「自分が欲しいものがあるなら、それと同じくらいのものを他人に与える」という教えを自分なりに大切にしていて、仕事でもこれを実行しようと心掛けています。つまり、保険営業をする前に、それと同じくらいの何かを与える。私には、大工や配管工、フラワーアートといった職を手につけてきた経歴があり、これを生かさない手はありません。私のスケジュール帳には、お客様の名前とともに「花を教える」「雨漏りの補修」「棚の据え付け」など、何の職業かわからないような予定がビッシリと入っていますが、

こうしたお客様の困り事に応えて動いている方が、保険商品を何度も説明するよりも効果的だと思っています。いずれにしても毎日はめまぐるしい忙しさで、応募した後は、賞のことをすっかり忘れるくらい仕事に没頭していました。

応募から1カ月が過ぎても、とくに目立った動きは起こりませんでした。こうなると人は不安が募るもので「受賞しない可能性が高いのに、これ以上放っておいたらさらに経費が増えるかも知れない」「万一受賞したら、ラスベガスへの渡航費用がかかる」などと勝手にリスクを想定して心配し、応募の取り止めを考えるようになりました。正しいこと、大がかりなことを起こすときに迷いが生じたら、一旦白紙撤回する道を選ぶ。これが私の性分でもあります。

こうした場合、相手の反応は3種類にわかれます。一つは「そうなの」とあっさり引き下がるタイプ、もう一つは「なぜ、今更言うのか」と激怒するタイプ、そして最後は「そう思っても、そのままやった方がいい」と説得するタイプです。今回の場合、船津さんは3番目のタイプで、私の不安や勝手な心配を率直に受け止めてくださいました。いろいろな方法を教えていただいた上で、「もう少し待った方がいいと思います」と背中を押してくださったのです。単純な性格である私は、その通りだと納得し、もう一度お願いしますと言って、その場をあとにしました。

年が明けた2014年1月下旬、私のもとに1通のメールが届きました。送信元は船津さんで、文面には「おめでとうございます。スティービー賞の1次審査を通過しました」とありました。1次審査の通過者は、翌月に行われる授賞式に参加する権利があり、そこでゴールド・シルバー・ブロンズの各賞が発表されます。授賞式の開催地はアメリカのラスベガスであり、渡航費用も相当の金額になりますが、ゴールドまたは海外の入賞者は30秒間スピーチが全米に中継されること、自身が初めての海外ひとり旅で訪れた土地ということから、休暇を取って渡航し、授賞式へ参加することを決めました。また、受賞することがわからない状況でしたが、取り急ぎスピーチを自分なりに考え、英語に翻訳してもらうなど余念なく準備に取り組みました（このときもインドネシア語は堪能ながら、英語はほとんど話せない状況でした）。

授賞式の当日―空港に降り立った私には、11年前と変わらぬ風景に懐かしさが込み上げました。社会的な実力も存在価値もなかった23歳の私は、以後出会った人々のおかげでバリ島、日本で仕事をし、人生をともに歩む最良のパートナーにも巡り会うことができました。3人の子どもを授かり、大阪市内にマイホームを建てるという人並みに幸せな毎日が、この11年で訪れたのです。今回の受賞も、船津さんの後押しがなければ幻に終わっていたことを考えると、人生の不思議さ、また人が出会う大切さを感じずにはいられませんでした。人生で2度目のラスベガス。感動と喜びで、到着した時点で私は胸いっぱいになっていました。

空港から授賞式があるベラッジオ・ホテルへ移動し、私はそのまま会場のホールへと入りました。さすが世界ナンバー1を決定する授賞式らしく、ホールには10人掛け円卓テーブルが50以上セットされ、そこに参加者が着席するようになっていました。また、両サイドには超大型スクリーンがあり、どの位置からも映像が見られる状態に。さらにセンターには、おそらく全米へとテレビ中継するためのカメラが設置されていました。

場内では参加者とともにテンションが高まっていく中、司会者の発声でオープニングがスタート。その後は順調に式次第が進行し、あっと言う間に受賞者の発表となりました。私が応募した部門では多数のカテゴリーがあり、私のカテゴリーは終盤で発表されることに。固唾を呑んで順番を待っていると、ようやく私が応募したカテゴリーとなりました。ここで名前を呼ばれるのは、ゴールド受賞者のみ。私は「呼ばれることはない」と思いつつも、司会者の声に耳を傾けていました。

発表の瞬間には静寂に包まれた会場。そこで発せられたのは、「ショウゾウ・シミズ！メットライフアリコ！」との言葉。私は、驚けるほどの実感はなかったのですが、周囲は皆、「Ｏｈ！」と舞台へ押し出してくれ、それに促されるままステージに立つことができました。私はフロントライン・カスタマーサービス・プロフェッショナル・オブ・ザ・イヤーの金融機関部門でゴールドを獲得したのです。

この後に主催者から手渡され

たトロフィーはずっしりと重い感覚があり、賞の価値を表しているようでした。それから受賞者による30秒スピーチに。英語で、さらに５００人を超える外国人の前で話をした経験などはなく、さらに日本人は私ひとり。普段の辿々しい発音に緊張感が加わり、何度も噛みながらのスピーチとなりました。それでも会場からは温かな拍手をいただき、受賞を称えてくださいました。この後、ステージ下ではメディア関係者に囲まれてのインタビューがあったのですが、通訳がいないため質問がわからず、ただひたすらスピーチの内容をくり返すしかありませんでした。

英語が話せないからこそ、励ましてくれる人、気にかけてくれる人の心がわかる。人の温かさをより感じられる。そう私は日頃から思っています。でも、この後には、英語さえ話せればなあ、と少し悔やんだことは言うまでもありません。発表からトロフィー授与、スピーチ、そして着席するまでは10分足らずの出来事だったのですが、光り輝くトロフィーを前にしたときに、さまざまな感情が去来しました。保険営業マンとして苦労した日々、お客様のためにと考えて取り組んだ今回のサービス、その中で出会えたお客様の笑顔…今回の受賞は、これまで私を支え、励ましてくださった皆様が世界的に認められたような気がして、嬉しさが胸もあふれました。ラスベガスまで来て、本当に良かったなとつくづく感じました。

先に触れた通り、この賞への応募はあまり周囲に伝えていませんでしたが、私が住んでいる地域にいる仲間とは、帰国後に大いに喜びを分ち合いました。仲間の多くは、賞の名前も価値もほとんど知らないと思います。でも、私が喜び語る姿を見て、本当に良かったと称えてくれていたのだと思います。また、自身の会社でも、社内報に受賞のニュースを取り上げていただき、全国の保険営業マンに知らせることができました。

■受賞後に生まれた新たな出会い

受賞してからは、再びこれまでと同じ日常がやってきましたが、受賞の話をきっかけにして出会った人、親交を持つようになった方もたくさんいらっしゃいます。その中の一人が、青果店の経営者という別の顔を持つ異色の芸人・土肥ポン太さんです。

私は受賞の少し前から、「カウンターがある店」を意識して利用するようにしていました。これまでも飲食店での出会いは多く、食文化が栄えてきた大阪らしく「食べながら話すと仲良くなる」という法則があります。さらにテーブル席や個室だけでなく、カウンターがある店というのは、店主やスタッフとお客様との距離感が近く、親しい雰囲気が店内に醸成されています。そのため、お客同士も仲良くなりやすいというのが私の持論です。これまでも国籍、年齢、性別にかかわらず、いろいろな方と出会い、お知り合いになってきました。

ある夜、私は中学時代の同級生である谷垣さんに誘われて、大阪にあるカウンターバーを訪れました。彼女は以前に大手芸能プロダクションの広報として勤めていた経験があり、その当時にお世話になった先輩がこの日にカウンターに立つというので、このお店を選びました。カウンターは10人ほどの座席があり、私たちが入店したときにはすでに数人のお客様が。私たちは奥の席へ案内されました。

席のさらに奥には、一人の男性

がいて、彼女も知り合いのようでした。カウンターのマスターと彼女、奥の男性でしばらく話が盛り上がり、しばらく私は聞き手に回ることに。そして、話が落ち着いた頃になって、彼女は「芸人のポン太さん」と紹介してくれたのです。

ここでお笑いファンだったり、大阪である程度テレビを観ている方だったりすれば、きっとそれなりのリアクションを取ったはず。実際にローカル局の番組にはしょっちゅう出演されています。しかし残念ながら、私はテレビや芸能界に疎くて、土肥ポン太さんのことを知りません(ポン太さん、大変失礼しました)。こうなれば、彼女はその場でポン太さんについて徹底的なレクチャーを実施。私はそれらを聞きながら、自分との共通点や話を広げるポイントとなりそうなことを探していました。

土肥ポン太さんはよしもとクリエイティブ・エージェンシーに所属されており、個性的なトークと芸風が人気の芸人さんです。ひとり芸の最高峰である「R－1ぐらんぷり」にも2度にわたり決勝入りされています。

2004年には、アルバイトから独立して青果店を経営。どんなに芸能活動が忙しくても、青果の買い付けはご自身でされていて、朝4時には市場へ出かける日々だそうです。その後に会社関係の作業をして、午前9時から芸能活動をされるという凄腕の経営者兼芸人です。

ポン太さんには、私からも自己紹介をさせていただき、その際にスティービー賞を受賞した話もしました。ポン太さんは経営者として、賞についても非常に興味を持たれ、後日に再びお話をさせていただくこともありました。

私はこの後も度々、ポン太さんと食事をご一緒しながら、お話を聞きました。その中で、「お花が好き」ということをポツリと言われたことがあったのです。話では、テレビ番組のレポートなどで生産農家を訪れる際、彩り鮮やかな花と出会うことが多いそうで、この花を生けたいといつも思うそうです。私がすかさず「良かったら、お花の生け方をお教えしますよ」

と言ったことがきっかけで、それからは私の家で個人教室がはじまりました。ポン太さんは相変わらずお忙しそうでしたが、時間を見つけてはお花に触れ、楽しそうに時間を過ごされていました。さらにこのご縁により、2015年にはポン太さんとセットでテレビ出演をさせていただく機会も。ポン太さんが忙しく働きながらも、フラワーアートをするというコンセプトで短い番組となりましたが、先生としてわずかながらその姿をフレーム

ポン太さんとテレビ出演も

インさせていただきました。オンエアの日には、たくさんの友人・知人から連絡があり、あらためてテレビが持つ影響力に驚かされた次第です。バーで出会ったときには、まさかこんな幸運が待っているとは思いもよりませんでしたが、やはり人生は出会いによって変わっていくものなんだと確信しています。

■「命」が入った商品を売る仕事への使命感

私はこれまで、いくつもの仕事を経験し、その中で得た出会いによって転職をしてきました。清水省三の人生として俯瞰すれば、「地道に努力を重ね、腰を据えて仕事をしている」というイメージではないかも知れません。ただ、ご理解いただきたいのは、「仕事ではなく、出会った人との絆」に腰を据えているということ。どんな仕事であれ、生き方であれ、どこまでも目前の一人を大切にしながら生きているということを知っていただくと、また違った清水省三像が見えてくると思います。

　さて、私は自分が保険営業をしていると話すと、決まり文句のように「大変な仕事やね」「なんで保険なんか売ってるの？」と返ってきます。保険業界に飛び込んで6年。仰っていただく通り、仕事は大変ですし、これまで何度も自分の仕事について思い悩みました。しかし、最近とくに強く思うのは、かつての私がそうであったように、「保険について、もっ

と知りたい」というお客様が相当多いように思います。一般的には、保険の仕組みや商品ごとの特徴が複雑過ぎて、難解なことから「よくわからない」「面倒だから保険営業マンに任せている」というお客様が多いと言われるのですが、一方では「自分自身で保険のことを知っておきたい」と思っている方も多いと私は思うのです。

例えば、保険を契約したら保険料が発生します。払うタイミングは契約した人それぞれですが、銀行口座から引き落とされたり、クレジットカードで支払ったりするんです。手渡しでお金を払うわけではないので、あまり「支払っている」感覚はないですが、夫婦や家族で払えば1カ月に数万円ということもめずらしくありません。

一方で、スーパーマーケットや量販店では、数十円の違いをシビアに比較して節約します。好きな洋服を買おうと思っても、思っていたより数千円高ければ買うのをためらいます。でも、保険はよく知らない、わからないという方でも、保険会社や保険営業マンに任せてしまっているところがあります。
そうした中で保険会社も、お客様には定期的にご説明する機会を持つようになってきました。私もお客様へ総支払い額をお伝えすると、大抵の場合はビックリされています。でも、「だったら、解約する！」という方は少なくて、きちんとご説明した上で、超高齢化社会を迎えた日本、またお客様の状況に合わせた保険を提案すると、逆に喜ばれるということが多くあります。

世代にもよると思いますが、保険もインターネット上で比較できるようになり、「知り合いになった保険営業マンに勧められたから、信用して契約した」という方は減ってくると思います。お客様が求めるのは、「保険に入って得る」安心から、「どんな保険商品に入り、どう活用するかを知って」安心する時代になっていくのではないでしょうか。

では、保険営業マンの存在は不必要となってしまうのか。それは違うと、私は思います。大変ありがたいことですが、お客様からのアンケートで「清水さんの人柄で決めた」と言っていただくことがたくさんあります。これは私自身が内面的な部分、人柄を前に出してお付き合いをし、よくわかっていただけるようにしている部分もあります。

例えば、花です。私は花を通して、これまで数多くの出会いがあり、それを大切にしてきました。子どもじみていると言われそうですが、「花が好きな人に、悪い人はいない」と今も本気で思っています。花は生きているものであり、手間をかければさらに美しくなります。ひと手間、ふた手間をかければ時間もかかりますが、さらに美しく見せることができるのです。そして、そこには心の余裕というものが不可欠になってきます。こんな考えも、出会った人にはよく話をします。それを聞いてもらえる人、気にいってもらえる人と、これまで長くお付き合いをしてきたのです。保険営業は、あくまでその延長線上にあるものなのです。

私が着想し、世界にも認めていただいたスマイル・フォトは、今も継続して取り組んでいます。私の想いを聞いて、共感し、同じように取り組む保険営業マンもいます。これからも契約をいただく度に、お客様が込めた想いというものをとどめながら、その瞬間を写真に納めていきたいと思います。

保険営業マンは、「命」という一字が入った生命保険を販売します。命についてお話するのも、私たちの仕事です。誰もが予測できない未来に対して、でき得る限りの努力をしながら、皆様の人生をより良くするために、私は自分らしく、使命

感をもって保険の仕事に取り組んでいこう。そんな想いで、今日もお客様のもとへ走っています。

コラム

「誘われる」ためにやっておくべき5つのコツ

いくら知り合いが多くても、有名人や顔が広い人とお付き合いがあっても、実際に「うちへおいで!」と誘われることは、そう多くありません。相手もタイミングも限られるものです。それをいつも意識しているわけではありませんが、私は出会い、また人脈を広げていくためにやっていることがあります。それを「5つのコツ」としてご紹介しましょう。

◆「誘われる」ためにやっておくべき5つのコツ

①出会って3週間以内に最低3回は会う
②紹介を受けるときは、自分から名刺を出さない
③「一人じゃないと出会えない」ことを理解する

④人が集まる場は、自分でつくる
⑤営業ありきの人脈拡大はやらない

①については、株式会社武蔵野・小山昇氏の著書から学びました。出会った人と深く付き合うには、自分のことをしっかり記憶してもらうのが肝心。そのために行います。これで覚えてもらったら、あとは電話を上手に活用しながら、会話で時間を共有し相手の状況を知る、また相手に「自分のことを知ろうとしてくれている人がいる」ということを認識させるのが大切です。

②は、知人から紹介を受けるパターンです。名刺を自分から差し出すのも大切ですが、最良なのは紹介してくれる方が、自分に変わって紹介してくれる「他己紹介」してくれること。私とは初対面の相手でも、紹介してくれる方とはすでに知り合いなので、信用度も変わってくるものだと思います。

③はまずイメージしてみましょう。知人・友人に限らず、誰か相手がい

る場合は、その方と会話することに集中してしまいます。例えばその場で、一人なら話しかけそうな方がいたとしても、二人で会話していては気がつきません。だから私は、たまに一人で街中を歩いています。

ある程度知り合いが増えた方は、④を実践してみましょう。新たな出会いはありませんが、自分と知り合いとの絆、知り合い同士の出会いが生まれ、全体としても「自分を中心として、一つの輪ができる」というメリットがあります。私自身も、建築や設計、住設関係、引越などの関係者が集まる「建築いい人会」を定期的に開催しています。そもそもこの業種では、高額な取引も少なくないため、〝信頼できる業者〟をお互いに探しています。私は大工や配管工をしていたので、こうした方々の気持ちを汲んで、自分でできることとして場を用意しています。また、これまでにない発想で何か新しいことをする、20代の集まりも考えているところです。

最後に⑤ですが、保険営業マンは毎月の成績が問われる部分もあり、どうしても「知り合い＝お客様の有力候補」と見てしまいがちです。しかし、きちんと人間関係ができてないうちに営業をしてしまうと、以後は疎遠になってしまうことも。これは非常にもったいないことだと思うのです。私の場合は、まずじっくりと人間関係を築き、保険を必要とされる方、また状況を知って「保険を勧めた方がいいな」と思った相手にだけ話をするようにしています。営業や利害関係といった自分本位な理由でできた人間関係は、なかなか深まらないものだと私は考えています。

あとがき

「明日のために」清水省三が今考えている5つのこと

読者の皆様、ここまで私の人生ストーリーをお読みいただきまして、ありがとうございます。この本の冒頭に記しましたが、転職といえば「ダンドリから出す書類、話し方といった成功メソッドを厳守しなければならない」という情報ばかりが目立っていますが、決してそうではなくて、「目前のことを懸命にやって、目標や願いを強く持って進めば、必ず人生が良き方向へ導く人から声がかかる」ということを、自身の体験を通して伝えたいというのが、発刊の経緯です。清水省三という一つの生き方を示すことで、固定概念にとらわれ、苦しむ方を助けることができればと願ってやみません。

さて、ここでは本書の締めくくりとして、清水省三が今考えていることを、5つのキーワードから記しておきたいと思います。私自身も数十年先にどうなっているか予測できませんが、今やっていること、考えていることを書きとどめることで、後年に「ああ、これが今につながっているのか」「あのときはまだ、あんな考えだったんだな」と振り返ることができるからです。

読者の皆様には、私の今を知っていただき、より興味を持っていただければと思います。フェイスブックなどで見かけられた際は、本書の感想なども含め、どうぞお気軽にメッセージをお寄せください。

キーワード1　人と人を結ぶパイプ役になる！

私が保険営業マンとなって、ようやく6年が過ぎました。保険業界は比較的人の入れ替わりが多いので若い世代も多いのですが、私の周りには何十年も保険営業マンをやっている先輩が多く、お客様の数を話すと笑われるくらいの新人です。業界のトップに位置するMDRT会員なども夢のまた夢です。

保険営業マンにもいろいろな人がいて、コツコツと地道に営業成績を積み上げつつ、自己成長を遂げていく方も大勢います。しかし、私は成績を伸ばすことよりも、新たな出会いがあったり、人と人を結びつけたりすることに喜びを感じており、その先に成績というものがあると考えています。

ここ10年ほどを振り返ると、私たちの生活は大きな変化を遂げています。誰もがスマホを手にし、写真や動画を気軽にネット上で共有する時代なんて、誰が想像していたでしょうか。きっとこうした変化のスピードは、今後もますます加速していくことでしょう。そうした時代にあって、変わらないもの。それは、人間同士の結びつきです。世間では「人間関係が希薄になった」とよく言いますが、私にしてみれば、一旦ガッチリと結びついた人間関係は、そう簡単に壊れるものではないと思っています。そして、人間同士の結びつきが人生にとって大事だから、どんな時代でも変わらないのです。出会いや人間関係って、もっと大事にするべき。私もこのことを日々確認しながら、人間同士の結びつきをより強く持ち、さらに他の人同士を結びつける存在として行動していきたいと思います。

また、私はこうした人との出会いの場として、造花によるフラワーアート教室「花Ａｓｏｂｉ」をチャリティーで主宰しています。バリ島時代には生花を使ったフラワーアートを手がけていましたが、日本へ帰国した後に造花の魅力を再発見し、多くの方にこの魅力を伝えたいとスタートしました。少し大袈裟な言い方になりますが、私流の〝命の吹き込み方〟をもとに造花を生けると、あたかも生花のように見えるのです。完成形は3日ほどしか持ちませんが、参加された方がご自身の感性やコンセプトに沿って花と親しみ、新たな楽しみや可能性を見いだしていただければと思っています。教室を成功させるには、ひと手間かかってしまうものですが、私としては自分の人生にひと手間加えるようなつもりで取り組んでいるのです。

キーワード2 「名実とも誇れる人間になる」ことが恩返し

私がバリ島へ出発する前に、ある壮年からこんな言葉をいただきました。「世間に名を轟かせるような人間になることが、これまでお世話になった方々に対する恩返し」だと。当時まだ20代だった私は、いわゆる有名人になることだと短絡的に考えていました。

振り返ってみれば、私は本当にたくさんの方々に支えていただき、時には歩むべき方向性まで示していただいて、実に幸せな人生とすることができました。国籍も日本のみならず、アメリカ、イタリア、インド、インドネシア、ウズベキスタン、中国と数えはじめたらキリがありません。中には、かけられた期待に応えることができないままとなっている方、きちんとした形で別れられなかった方もいますが、私の人生にとっては確実にプラスとなる素養を与えてくれました。私もまた、こうした皆様に少しでも刺激を与えられたらと思っていますし、少しでもそうした存在となっていればありがたい限りです。

話を戻しますが、私はこうした皆様との縁は、互いにプラスの影響をもたらしているので、それで良しとする考えがありました。しかし、今になってみると、あの壮年の言葉の奥底にある意味を再考しなければならないと痛感しています。私は第5章で記した通り、一つの賞で世界ナンバー1を獲得しました。しかし、人間の中身でいえば、世界ナンバー1には遠く及んでいません。もっともっと経験を重ね、他者の心を知れる努力をして、人間力を磨いていくことで初めて、名実とも世界ナンバー1になれるのだと思います。そして、それが達成されるときにようやく、これまで私を支えてくれる方が「清水と出会えて良かった」と思ってもらえるものと考えています。今後も懸命に命を燃やしながら、これまで出会ったすべての方に恩返しができるような人間になっていきたいと深く決意しています。

キーワード3　視野は大きく、動きは地道に

２０１５年３月、私は知人からの依頼を受け、「特攻隊演劇　流れる雲よ」大阪公演の幹事を務めました。おかげさまで、公演は平日夜にもかかわらず場内は満員御礼で無事成功を収めました。

幹事を引き受けた時点では、演劇の内容など知る由もなかったのですが、準備に携わる中で、「戦後70年を迎えた日本は、いかに平和なのか」とつくづく感じました。劇中では戦地に赴く特攻隊員の姿を描いていますが、罪のない国民を守るために、同じく罪もない青年が命を懸けて国を守ったという歴史が70年前にあったということを、私たちはもっと重く受け止めるべきだと感じています。

私自身が「今の日本は良い国です」と胸を張って言えるのか。そのために、何ができるのか。正直言って、私ひとりが国を動かすようなことはできませんが、かつて生物学者のレイチェル・カーソン女史が残された「Think

Globally Act Locally」という有名な言葉の通り、視野を大きくして物事を考えながら、自分がいる場所を大事に、地道に活動していこうと思います。また、私しか発信できないことを世界に向けて発信できるよう、自身を研ぎ澄ましていきたいとも思っています。

キーワード4　誰かではなく、自分で価値を創る人生に

先日、知り合いと話す中で、「数十年後の日本はどうなっていると思う？」と聞かれました。私としては、交通や情報のインフラはさらに発達し、遠く離れた場所へ移動する距離感が今よりずっと短くなっていると想像します。また、グローバル化が進展していくことで、国籍や国の隔たりというものはなくなってしまうのかも知れません。日本にもいろいろな国の方が移住してきて、国際結婚というのも当たり前になっている世の中になるとも思っています。

そうした変化が起こると、いわゆる常識も、物の価値も変わります。これまでの歴史でもそうでしたが、日本人はこうした変化に対応するのが苦手なので、きっと多くの方が戸惑うことでしょう。でも、逆にこうした変化にも揺るがない人もいます。それは、〝自分自身で価値を創る〟ことができる人です。

私はバリ島生活で、日本とは違う価値観というものを肌で感じることができました。同じものを使っても、まったく価値が違ってくるというアートの世界も経験しています。だから、少しくらい変化が起きたとしても、きっと自分自身で価値を創り、楽しく生きていけそうな気がしています。こんな話、聞いた側は「自分ならどうだろう？」と考えるはず。それも大事なことなので、これからも周りにそんな話をしていこうと思います。

キーワード5　感謝の感度を高める

こんなことを書くと関係者の皆様にお叱りを受けそうですが、ビジネス書では当たり前のように掲載されている「著者が誰かに対して綴った御礼の言葉」に、私はなんとなく社交辞令的なものを感じ、違和感を持っていました。

しかしながら、自分が著者になってみると、思いのほか原稿が書けず、どんどん時間が過ぎていきました。編集担当として休日も返上して作業をしてくださった小田さん、写真撮影をしていただいた濱中麻里さん、佐々木社長をはじめカナリアコミュニケーションズの皆様の存在がなければ、読者の皆様に本書をお届けすることはできなかったと思います。こうなると感謝の言葉を綴るのは自然なことであり、自分としてもこうした感謝というものに、感度を高めていく、背景を知ろうと意識することが大切だと実感しています。

また、本書の中で登場していただいた皆様。実名でない方もいますし、事前のご説明が至らなかったという方もいらっしゃるかも知れませんが、私を支え、育ててくださった感謝を込めて記していますので、ご理解ください。さらに発刊までの間、仕事と執筆作業を両立する私に対して、寛大な心で見守ってくださった久保田シニアエイジェンシーマネージャー、新居見エイジェンシーセールスマネージャーに深く感謝申し上げます。

最後に、転職を考えている方、またそうでない方にも。人の平均寿命は、男女とも80歳を超えています。人生は長い。失敗しても、取り戻せます。もしも「うちへおいで！」と誘われたなら、そのときが転職のチャンス。迷わず、思い切って次なるステージへ飛び立ちましょう！

２０１５年10月

清水省三

著者プロフィール

清水　省三

大阪府出身。工業高校の建築科を卒業し大工、水道配管工へと転職するが、2001 年には教育者を目指して大阪工業大学建築学科の二部（夜間）へ入学する。23 歳で工業高校にて実習助手に採用され、配管工で学生という二足のわらじを履くことに。その後、知人を介してバリ島へ移住し、現地企業スタッフとして生涯 4 度目の転職をする。世界で活躍するフラワーアーティスト・中川聖久氏に師事しながらアマンウエディング（アマンダリ、アマンキラ、アマヌサ）立ち上げにも携わるが、2010 年には帰国を機に、メットライフ生命保険株式会社にて保険外交員へと 5 度目の転職。日々お客様と向き合う中での取り組みが称えられ、2014 年にはスティービー賞・セールスカスタマーサービス賞にて金賞を受賞する。JAIFA（公益社団法人生命保険ファイナンシャルアドバイザー協会）大阪協会監査役、同メットライフ会近畿ブロックサブエリアリーダー。

世界一を獲った保険営業マンが教える

「誘われる」転職術

2015年10月15日〔初版第1冊発行〕

著　者　清水　省三
発行人　佐々木　紀行
発行所　株式会社カナリアコミュニケーションズ
〒141-0031　東京都品川区西五反田6-2-7
ウエストサイド五反田ビル3F
TEL　03-5436-9701　FAX　03-3491-9699
http://www.canaria-book.com
印刷所　石川特殊特急製本株式会社
装丁　岡阿弥　吉朗

ISBN 978-4-7782-0315-3 C0036

カナリアコミュニケーションズの書籍ご案内

2015年1月20日発刊
価格　1400円（税別）
ISBN978-4-7782-0287-3

自分探しで失敗する人、自分磨きで成功する人。最短距離で自分の「人生」を成功させるための唯一の方法

青木　忠史　著

転職40回、倒産寸前の会社を見事復活…。挫折と苦難を乗り越えた異色のコンサルタントが人生成功のための『自分磨き』を伝授!

人生は20代にどのように考えて生きるかによって決まる。その岐路となる時期に、自分自身と向かい合い、有意義な人生、成功を実現する『自分磨き』を伝授!

2014年12月20日発刊
価格　1500円（税別）
ISBN978-4-7782-0288-0

人生を思いどおりにデザインするおかたづけの作法

三谷　直子　著

失敗パターンにサヨナラしよう。

なぜ今″かたづけ″が見直されているのか？

単に見た目をきれいにするだけの目的でなく、心理学の見地から
行動療法としてかたづけを提案。

モノを整理することが、頭の中・心の中の整理につながり、理想を現実にしていく力を育むメカニズムを明快に解説。″おかたづけ″にまつわる８つの作法で、一歩の行動から人生を変える１冊。

カナリアコミュニケーションズの書籍ご案内

イメージコンサルタントとしての歩み 誰も上手くいかないと思った起業を成功させたわけ

谷澤　史子　著

不可能を可能に変える成功法。誰もが失敗すると思ったイメージコンサルタントとしての起業。苦難のスタートから個人や企業のブランディング分野で人気を集めるようになるまでの道のりを著者が赤裸々に語る。夢は叶うのではなく、夢に適う(ふさわしい)人間になった時に実現するもの。そのための自分磨きとは。イメージコンサルタントで会社を経営することは不可能といわれた時代、それでも起業に踏みきり、苦難のスタートから成功するまでの著者の体験談とその手法を赤裸々に語る。

2015 年 3 月 15 日発刊
価格　1300 円（税別）
ISBN978-4-7782-0296-5

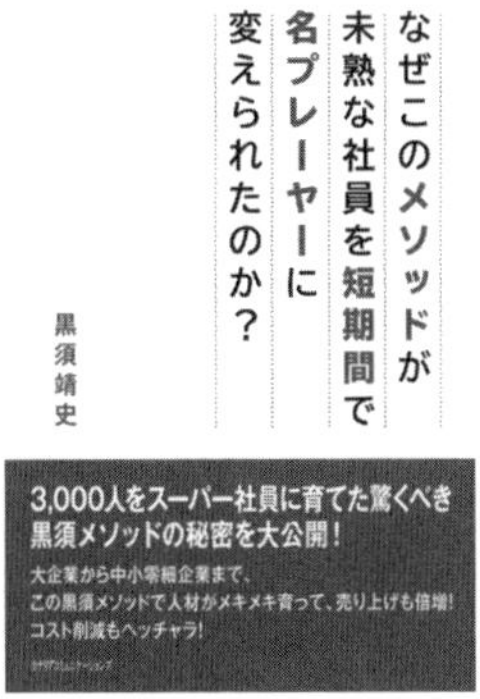

なぜこのメソッドが未熟な社員を短期間で名プレーヤーに変えられたのか

黒須　靖史　著

小さな飲・食品事業者が地味に勝つ商品づくりの秘訣が満載！
3,000人をスーパー社員に育てた驚くべき黒須メソッドの秘密を大公開。大企業から中小零細企業まで、この黒須メソッドで人材がメキメキ育って、売り上げも倍増。

2015 年 5 月 25 日
価格 1500 円（税別）
ISBN978-4-7782-0301-6

カナリアコミュニケーションズの書籍ご案内

2015 年 4 月 20 日発刊
価格 1400 円（税別）
ISBN978-4-7782-0302-3

戦乱商人
マグレブに乾杯！中近東ビジネスの勝者たち

小寺　圭　著

元ソニー役員が描く高度成長期最後の成功秘話。

中近東市場を制覇せよ！

イスラム世界に勇躍した日本のビジネス戦士たちの物語。今も昔もビジネス戦士に欠かせないものは、本書で描かれたような知恵と粘り強さと勇気ではないだろうか。この物語は元ソニー役員だった著者の体験と実際に起こった事件をもとに書かれた高度成長期最後のビジネスマンたちの物語。

2014 年 2 月 26 日発刊
価格 1400 円（税別）
ISBN978-4-7782-0262-0

日本一になった田舎の保険営業マン

林　直樹　著

人口わずか500人の農村でも「日本一」のワケとは？

お客様に“与えつづける”営業で世界の保険営業マン上位１％「ＭＤＲＴ」を３回獲得。読めば勇気がわく成功ヒストリー＆ノウハウが満載！

営業に関するさまざまな本やマニュアルが出ているが、そのほとんどは大都市で成功した人の体験談である。ビルが立ち並ぶ街での営業スタイルが前提となっている。同書では独自で実践した人口500人の農村でも日本一になれる営業法を掘り下げて紹介。